四川省教育厅人文社科重点项目“高职院校和谐师生关系研究”（项目编号：17SA0178）

高职院校和谐师生关系构建研究

伍治平 张明远 陈治芳◎编著

西南交通大学出版社
·成 都·

图书在版编目（CIP）数据

高职院校和谐师生关系构建研究 / 伍治平，张明远，陈治芳编著. —成都：西南交通大学出版社，2021.7
ISBN 978-7-5643-8057-1

Ⅰ. ①高… Ⅱ. ①伍… ②张… ③陈… Ⅲ. ①高等职业教育－师生关系－研究－中国 Ⅳ. ①G715

中国版本图书馆 CIP 数据核字（2021）第 114613 号

Gaozhi Yuanxiao Hexie Shisheng Guanxi Goujian Yanjiu
高职院校和谐师生关系构建研究
伍治平　张明远　陈治芳　编著

责任编辑	郭发仔
助理编辑	张地木
封面设计	原创动力
出版发行	西南交通大学出版社 （四川省成都市金牛区二环路北一段 111 号 西南交通大学创新大厦 21 楼）
发行部电话	028-87600564　028-87600533
邮政编码	610031
网址	http://www.xnjdcbs.com
印刷	成都蜀通印务有限责任公司
成品尺寸	170 mm × 230 mm
印张	13.25
字数	183 千
版次	2021 年 7 月第 1 版
印次	2021 年 7 月第 1 次
书号	ISBN 978-7-5643-8057-1
定价	78.00 元

序言

近年来，党中央、国务院高度重视职业教育发展。《国家职业教育改革实施方案》明确了办好新时代职业教育的施工图，宣告职业教育大改革大发展的格局基本形成，职业教育由此进入爬坡过坎、提质培优的历史关键期。2020年9月，教育部等九部门印发了《职业教育提质培优行动计划（2020—2023年）》（以下简称《行动计划》），这标志着我国职业教育正在从“怎么看”转向“怎么干”的提质培优、增值赋能新时代，也意味着职业教育从“大有可为”的期待开始转向“大有作为”的实践阶段。落实好这个《行动计划》，需要国务院有关部门协同配合，也需要社会各界广泛支持，更需要职业教育战线凝心聚力、奋进实干。教育部部长陈宝生强调，职业教育改革发展和高地建设，要与“十四五”规划衔接好，开好篇、布好局，处理好六个关系：普职关系定模式、产教关系定供求、校企关系定机制、师生关系定方法、中外关系定特色、省部关系定责任。其中，“师生关系定方法”要求推行以师带徒的现代学徒制，不断改善教学方法。

和谐的师生关系是教育教学活动顺利进行的重要条件，是衡量老师和学生学校生活质量的重要指标，是校园文化的重要内容。当前，受学生价值取向多元化、师生交流时间少、学生责任感淡化、传统教育思想干扰和教师素养欠缺等因素影响，部分高职院校师生关系冷漠化、浅层化、对立化、功利化倾向加剧，致使师生关系不同程度地异化，影响高职院校“立德树人”根本任务的实现。加强和改进新时代高职院校师生关系的理论研究和实践探索，迫在眉睫！

治平同志先后担任团委书记、教学系党总支书记、招生就业处处长，长期从事共青团、党务、学生教育管理和就业创业等工作，奋战在学生思想政治教育工作一线，与学生打成一片，是学生的良师益友，既做学业导师又做人生导师。治平同志一直重视高职学生思想政治教育和高职院校师生关系的研究，主持四川省教育厅“高职院校和谐师生关系研究”课题，参与四川省科技厅“大学生众创空间”等课题研究，发表了《对我国高校教育过程中诚信的反思》《依法治校视域下高校和谐师生关系的构建》《大学生学习环境个性化的探析》《关于大学生道德教育的思考》《论大学生诚信教育》等20多篇文章。现从事招生就业工作，平时工作繁重，该同志充分利用业余时间，结合高职教育及学院工作实际开展课题研究，几易其稿，终于付梓，可喜可贺。

本书分上下两篇。上篇基于宏观层面，借助文献分析，坚持实证研究、行动研究取向，既有高职院校师生关系的概念阐释、现状审视、问题归因，又有高职院校师生关系构建的目标指向、路径选择和实践模式，更有教育学、心理学、社会学、法学的跨学科理性审视。下篇基于微观层面，重点剖析教学情境中、思政工作中和特定场域中的师生关系，其中针对工作室教学模式、云课堂教学、现代学徒制、创新创业活动和后师生关系（校友工作）中和谐师生关系的探讨，颇具理论创新和实践创新。

师生关系是高等职业教育中最基本、最重要的一对关系。苏联著名教育实践家和教育理论家苏霍姆林斯基指出："常常以教育上的巨大不幸和失败而告终的学校内许许多多的冲突，其根源都在于教师不善于与学生交往。"希望我院的广大师生员工都能重视师生关系、研究师生关系、优化师生关系，推动学院高质量发展，促进学生高质量就业创业。也希望我们高职教育界同仁都来阅读这本书，从中吸收思想、理念和养分，争做"四有好老师"，争做"四个引路人"，成为实现中华民族伟大复兴"梦之队"的"筑梦人"。

治平要我写几句话，我就发表点以上感想，是为序。

四川职业技术学院党委书记　张大凯

2020 年 12 月 2 日

目录

上篇

绪　论　003

第一章　高职院校和谐师生关系构建的现实考察　012

第一节　高职院校师生关系的多维概述　012

第二节　高职院校师生关系的现状扫描　030

第三节　高职院校师生关系的问题归因　035

第二章　高职院校和谐师生关系构建的理论审视　045

第一节　教育学视域中的师生关系　045

第二节　心理学视域中的师生关系　051

第三节　社会学视域中的师生关系　057

第四节　法学视域中的师生关系　063

第三章　高职院校和谐师生关系构建的实践探索　073

第一节　高职院校和谐师生关系构建的目标指向　073

第二节　高职院校和谐师生关系构建的路径选择　083

第三节　高职院校和谐师生关系构建的实践模式　093

下篇

第四章　高职院校教学情境中和谐师生关系的构建　115
第一节　高职院校课堂教学中和谐师生关系的构建　115
第二节　工作室教学模式中和谐师生关系的构建　126
第三节　云课堂教学中和谐师生关系的构建　136

第五章　高职院校辅导员工作中和谐师生关系的构建　146
第一节　辅导员与普通学生和谐师生关系的构建　147
第二节　辅导员与学生干部和谐师生关系的构建　162
第三节　辅导员与问题学生和谐师生关系的构建　166
第四节　辅导员与贫困生和谐师生关系的构建　170

第六章　特定场域中和谐师生关系的构建　174
第一节　现代学徒制中和谐师生关系的构建　174
第二节　创新创业活动中和谐师生关系的构建　184
第三节　后师生关系中校友工作双赢机制的构建　191

参考文献　200
后　记　203

上篇

绪　论

一、问题提出

自 20 世纪 80 年代初建立职业大学到现在，我国高等职业教育已经走过了四十多年的发展历程。1991 年,《国务院关于大力发展职业技术教育的决定》颁布，其中对职业技术教育的性质、地位、作用以及方向、任务、措施等都做了明确规定。1996 年,《中华人民共和国职业教育法》通过，从法律上确定了职业教育在我国教育体系中的地位，由此也拉开了高职教育发展的序幕。1999 年，第三次全国教育工作会议召开，做出“大力发展高等职业教育”的决定，高职教育发展迈入新阶段。2005 年,《国务院关于大力发展职业教育的决定》发布，明确了今后一个时期职业教育改革与发展的指导思想、目标任务和政策措施。2010 年,《国家中长期教育改革和发展规划纲要（2010—2020 年）》提出要“大力发展职业教育”。随着《高等职业教育创新发展行动计划（2015—2018 年）》和《国家职业教育改革实施方案》的有力推进，高职教育进入蓬勃发展的大好时期。根据《2019 年全国教育事业发展统计公报》，2019 年我国具有普通高等学历教育招生资格的高职（专科）院校有 1423 所，约占普通高校总数的 53%。[①]

高等职业教育作为高等教育体系的重要组成部分，在我国社会主义现代化建设进程中具有十分重要的作用。深度融入“大众创业、万众创新”和“中国制造 2025”的实践之中，促进新动能发展和产业升级，带动扩大就业，推动经济保持中高速增长、迈向中高端水平，无不需要大批具有专业技能与工匠精神的高素质劳动人才。伴随着高等职业教育的快速发展，如何正确处理高职院校发展过程中出现的新问题、提升办学水平、提高教学质量成为各界关注的热点问题。师生关系是教育教学过程中教师与学生形成的最基本、最重要的人际关系，良好的师生关系是正常开展教学活动的必要前提，是提高教学质量的重要保障。因此，本书以高职院校师生关系为研究对象，在进行理论研究、比较研究的基础上，分析高职院校师生关系现存问题及影响因素，并探讨和谐师生关系构建的方法和途径。

二、概念界定

（一）高职院校

高职院校，是高等职业院校的简称，是高等教育的重要类型，也是我国职业教育的重要组成部分，担负着培养面向生产、建设、服务、管理第一线需要的高技能、应用型专门人才的使命。根据教育部相关规定，从 20 世纪末起，非师范、非医学、非公安类的专科层次全日制普通高等学校应逐步规范校名后缀为“职业技术学院”或“职业学院”，而师范、医学、公安类的专科层次全日制普通高等学校则应规范校名后缀为“高等专科学校”。“职业技术学院”或“职业学院”为高职院校的特有校名后缀，是我国高等教育的重要组成部分。

1. 学历层次

相对于普通高等教育培养学术型人才而言，高等职业教育学历层

---

① 2019 年全国教育事业发展统计公报[EB/OL]. [2020-05-20]. http://www.moe.gov.cn/jyb_sjzl/sjzl_fztjgb/202005/t20200520_456751.html.

次主要是专科，偏重培养高等技术应用型人才（经教育部批准，亦有部分国家示范性高职院校建设单位从 2008 年秋季开始举办四年制本科教育）。高职学生毕业时颁发国家承认学历的普通高等学校专科（三年制）或本科（四年制）毕业证书，并享受普通高校毕业生的一切待遇。

2. 高职特征

使学生具备必要理论知识和科学文化基础，熟练掌握主干技术；侧重相关知识的综合运用；培养学生的表达能力、与人沟通、合作共事的能力；重视实务知识的学习，强化职业技能的训练。

3. 培养目标

以培养技术型人才为主要目标。目标是实用化，是在完全中等教育的基础上培养出一批具有大学知识，而又有一定专业技术和技能的人才。在高职院校，知识的讲授是以能用为度，实用为本。

4. 招生对象

应往届普通高中毕业生、高中同等学力者（中职/中专毕业生），社会考生（各级高校毕业的学生、社会青年、企业在职人员等）。

5. 学制

高等职业教育实行弹性学制，基本修业年限为：专科三年，本科四年，以招收初中毕业生为培养对象的五年一贯制的基本修业年限为五年，非全日制的修业年限适当延长。

6. 毕业待遇

高职院校是我国普通高等教育的重要组成部分。统考统招的高职毕业生，颁发《普通高等学校毕业证书》，享受相应的待遇。专科层次高职毕业生可以继续参加省统考的专升本考试（应届专科毕业者，专科学历的退伍士兵），本科层次的高职业毕业生也可在毕业 1 年后的下半年报考全国统招研究生考试（本科毕业或具备本科同等学力者。专科毕业当年不得参加）。

（二）师生关系

师生关系，顾名思义，是指教师和学生因教学活动而形成的相互关系。由于教学行为的复杂性，教师学生间并不单纯是授课与学习的联系，还包括了教师与学生彼此的地位、态度、相处方式、沟通交流等，师生关系是一种基础而复杂的人际关系。

首先，师生关系同亲属关系、朋友关系、同学关系、同事关系、雇佣关系一样，是基本的人际关系，是人与人之间的社会关系，普遍存在于一般人的社会生活中，对人的活动具有重要意义。并且，师生关系具有人际关系的一般属性，通过人与人之间的交往建立，受到人的情感、行为、思想等因素影响。

其次，师生关系是一种复杂的社会关系。师生之间由于存在着教育与接受教育的关系，在双方关系中扮演的角色不同，因而双方存在主导和被动的地位差异；师生之间由于存在年龄差距，并且学习、生活的内容、经历不同，思维方式、处世原则和态度习惯上各有特点；师生之间由于存在沟通交流、合作互动的过程，双方关系又在一定程度上追求平等民主。总之，由于师生关系受到教学活动的规则所限制，同时又对双方间的顺畅沟通存在较高要求，因而师生关系是一种复杂的社会关系。

最后，师生关系是学校内人际关系的主体。在学校这一社会活动范围内，存在学生与教师之间的师生关系、学生与学生之间的同学关系、学校与教师之间的雇佣关系、后勤人员与学生之间的服务关系等多种社会关系，但是学校作为传授知识的场所，教师与学生之间的师生关系，则是学校最主要的人际关系。师生之间建立良好的关系，是保证学校教学质量、提高学生学习效率的关键所在，因而师生关系是学校人际关系的主体部分，对学校的生存发展具有决定性作用。

（三）和谐师生关系

和谐师生关系是指师生人际交往中，双方能够相互理解，相互尊重，师生共处于和谐的统一体中形成的一种融洽、真诚和温馨的关系。和谐师生关系是一种整体的协调，即师生之间、师生与外部环境（学校、社会）之间的协调；一种情感的愉悦，即师生心理满足和行为健康；一种状态的表达，即主观情感和客观存在保持着的一种积极的状态。它是师生主动性得以发挥的催化剂，是促进教师和学生的性情和灵魂提升的沃土。既能为高校学生的成长提供良好的环境，又能够使教师的“传道、授业、解惑”的作用得以畅通实现，使教师顺利完成向学生传授知识、启迪智慧和培养能力的重任。

1. 尊师爱生

现代教育中的“尊师爱生”不是封建等级关系、政治连带关系、伦理依附关系，而是师生交往与沟通的情感基础、道德基础，其目的主要是相互配合与合作，顺利开展教育活动。“尊师”就是尊重教师，尊重教师的劳动和教师的人格与尊严，对教师要有礼貌，了解和认识教师工作的意义，主动支持和协助教师工作，虚心接受教师的指导；“爱生”就是爱护学生，它是教师热爱教育事业的重要体现，是教师对学生进行教育的感情基础，是教师的基本道德要求，也是培养学生热爱他人、热爱集体的道德情感基础。尊师与爱生是相互促进的两个方面：教师通过对学生的尊重和关爱换取学生发自内心的尊敬和信赖，而学生对教师的尊敬和信赖，又可激发教师更加努力工作的热情，为学生营造良好的人际氛围和学习条件。

2. 民主平等

民主平等不仅是现代社会民主化趋势的需要，更是学生生活人文性的直接要求和现代人格的具体体现。它要求教师理解学生，发挥非权力性影响力，一视同仁地与所有学生交往，善于倾听不同意见，同时也要求学生正确表达自己的思想和行为，学会合作和共同学习。

3. 教学相长

在教学过程中，教师的教促进学生的学，学生的学促进教师的教，教与学是相互促进的。《礼记·学记》中曾提道：“是故学然后知不足，教然后知困。知不足，然后能自反也；知困，然后能自强也。故曰：教学相长也。”教学相长包括三层含义：一是教师的教可以促进学生的学；二是教师可以向学生学习；三是学生可以超越教师。

4. 心理相容

在教学过程中，师生的心理情感总是伴随着认识、态度、情绪、言行等的相互体验而形成亲密或排斥的心理状态，而不同的情绪反应对学生课堂上参与的积极性和学习效率有着重大的影响。在日常的教学过程中，学生对所学的各门课程是有不同情感的，它影响着注意力和时间的分配，带来了各门课程学习的不平衡。这些都可以从师生心理关系等因素上找到原因。心理相容指的是教师与学生之间在心理上协调一致，在教学实施过程中表现为师生关系密切、情感融洽、平等合作。

三、研究价值

（一）理论价值

思想是行动的先导。正确处理现实中的师生关系问题，关键在于要对师生关系有正确的认识，这就需要进行深入的理论研究。本研究至少具有两重理论价值：

1. 丰富高校师生关系的研究内容

高校师生关系是高校最基本、最核心的人际关系，它对教学质量和师生的身心发展有着重要的影响，是高校建设的重点之一。但是目前关于师生关系的研究主要是针对中小学的师生关系，对于高校师生关系的研究，无论是国内还是国外研究成果还不多。本书主要是对当前高职院校师生关系的探讨和分析，可以丰富高职院校师生关系的研究内容。

2. 深化高等教育的理论基础

随着信息技术的高速发展，高等教育由“精英教育”进入了“大众化教育”，各高校逐渐转变本校的教育思想、教育理念，进行教学改革，这些都与高校师生之间的交往有着密切的联系。因此，本书在了解当前高职院校师生关系的现状的基础上，分析高职院校师生关系存在问题的原因，并提出构建高职院校和谐师生关系的对策，有利于深化高等教育的理论基础，以适应时代发展的要求。

（二）实践价值

苏霍姆林斯基说过，“师生之间是一种互相有好感、互相尊重的和谐关系，这将有助于教育教学任务的完成”。古人云：“亲其师，信其道。”陶行知说过，“在你的教鞭下有瓦特，在你的冷眼里有牛顿，在你的讥笑里有爱迪生”。由此可见，师生关系无论在古今中外的教育背景下，都具有重要的意义，提高学校教育教学质量的基础就是和谐的师生关系。和谐师生关系是当前高职院校教育教学过程中非常重要的组成部分，对于建设和谐校园、引导教师角色定位、提升教师和学生综合素质以及提升学校竞争力都有着重要的意义。

1. 对构建和谐校园及和谐社会的作用

和谐师生关系是和谐校园的基础，和谐的师生关系是大学校园的重要组成部分，也在一定程度上影响着社会的和谐。高职院校的职责是培养应用技能型人才，他们是当今社会各项生产活动中最直接的参与者。由此可见，在高职院校内构建和谐的师生关系，不仅能促进教师和学生的进一步交往和交流，并能以此提高双方和学生之间的相互协调能力，使学生能在校园中和谐的成长，对于构建和谐校园乃至和谐社会都有着非常大的意义。

2. 能正确引导教师对角色的定位

职业教育的高级阶段就是高职教育，当前社会要求教师要摒弃传统观念中所谓的以“教”为主的理念，而应该把自身的角色定位在“教学共同体”的基础上。教师和学生之间的关系应该是民主平等、互动合作，在教育教学的过程中，教师所处的位置是组织者和合作者。教师应坚持民主平等的原则，在充分尊重学生个性的基础之上，鼓励所有学生都能积极参与校内各种活动，调动学生各方面所具备的能力。通过相互参与，相互合作，积极完成知识的获取，增强其技能和职业能力的培养。

3. 能提升教师和学生的综合素质

目前，我国的高职教育从规模和数量上来看已经发展到了一个较高阶段，不能再盲目地追求数量，而应该逐步追求教育教学质量，走内涵式发展道路，这样才能有更多的家长愿意把学生送到高职院校里来，也能让学生更适应社会的发展。构建和谐的师生关系，使得学校充盈着一种轻松愉悦的氛围，这样不仅能使教师心情愉悦地站在讲台上，也能促使教师在日常的工作和生活中提升自己的职业道德和教学水平，也能更多的与学生进行交流，学生必然认真学习，努力提高自己的学习成绩和自身的全面发展。在这样的大环境下，师生的道德、人文和职业素质都将得到很大的提升。

4. 提高学校综合竞争力

学校的教育教学质量决定着一个学校的综合竞争力，对于学校的发展有着至关重要的意义。和谐的师生关系，有利于学校和学生之间的良性互动，这样一来，教师就能掌握大多数学生的动态，教师通过对学生个性的掌握，因材施教，学生就可以加强对专业知识技能的学习，这也是社会发展对高职院校提出的新要求。在这样的大背景下，高职院校的教育体制将得到极大的改善，综合竞争力将得到提高。

综上所述，构建高职院校和谐的师生关系对于形成和谐校园氛围，增强高职院校的办学效益，提高教师综合素质，促进学生全面发展，建设和谐社会，适应时代发展需要等方面都具有十分重要的意义。

四、研究内容

由于高职院校的教育目的和学生发展模式等同普通院校有着一定的区别，因而高职院校和谐师生关系也有着自己的特点。本书首先从教育学、心理学、社会学和法学等多学科视角对师生关系进行全面立体审视，为后续研究确立理论基点；基于高职院校师生关系的现实表征，全面分析了现存问题与原因，构建了“四四五”的实践模式（即民主平等、相互理解、彼此信任、互助合作的四个目标指向，学校、教师、学生、社会四位一体的路径选择，对话交流、角色体验、互动合作、情境交往、网络交往五大模式）；在高职院校教育教学活动过程中，由于专任教师、实习实训指导教师、辅导员和学生交往较多，我们重点考察了课堂教学和辅导员工作中的师生关系。此外，考虑到高职院校的发展特质，我们探讨了现代学徒制、创新创业活动中的师生关系和高职院校校友资源的开发，这是本书的亮点与创新之处。

第一章
高职院校和谐师生关系构建的现实考察

师生关系是教师和学生在教学过程中结成的相互关系，包括彼此所处的地位、作用和相互对待的态度等，是教师和学生为实现教育目标，以各自独特的身份和地位通过教与学的直接交流活动而形成的多性质多层次的关系体系。由于教师和学生身份角色的差异和教育活动组织本身的特点，使得师生关系在教育管理模式，教育主体性和人际关系等方面体现出不同的类型。

第一节　高职院校师生关系的多维概述

一、师生关系的内涵

师生关系是教育研究的重要课题之一。师生关系含义较广，研究者出于各自不同的立足点，对其本质的理解也各不相同，一般有两种理解趋向。[①]

第一种趋向是把师生关系理解为某种单纯的关系，或者强调师生关系某一方面的性质。如从教学论的角度来研究这问题，周新林认为"师生角色关系的本质内涵是学习——促进关系"。陈复博从心理学角度出发，认为"教学过程是一种情绪过程，教师与学生之间应该是一

① 梁俊，漆明龙. 教育学教程[M]. 天津：天津科学技术出版社，2016：100.

种情绪影响交流关系”[①]。吕涛认为“教学是一种社会现象，是一种社会实践活动，也是由人们之间的互动构成的，参与教与学的人必然有一种社会性的交互作用”[②]。也有研究者从哲学的角度来研究这一问题，金生鈜认为师生关系的本质是教育性的，“师生关系是学生人生初期的人际交流的一部分，也就是从属于学生的生活世界的一种‘生活关系’”[③]。肖川独辟蹊径，用文化生态学理论来解释师生关系，他认为，班级是一个由教师和若干来自不同生活背景、不同性格、不同气质的学生所组成的文化生态圈，教师是班级中的社群领袖，师生之间关系是公共领域中平等、理解、双向的人际关系。[④]

第二种趋向是从多角度多层次来解释师生关系的多重属性。如陈桂生认为，“师生关系有三重性质：教育工作关系、社会关系和自然的人际关系”[⑤]。李瑾瑜也认为，不应把师生关系仅仅定位在单纯的“教”与“学”的关系上，而应将其看成是一个由多层面关系构成的关系体系，并指出“师生关系从根本上讲，是教师和学生在共同的教育教学活动中，通过相互认知和情感交流而形成的人际关系”，进而提出其师生关系体系：教学关系、心理关系、个人关系、道德关系。同时，也指出了它们各自的作用。[⑥]姜智认为，师生关系是以教育与接受教育和自我教育为核心，以师生人际心理沟通为基础，以民主管理为手段，以超越代际的朋友似的尊师爱生的伦理关系为外在标志的有机关系体系。[⑦]王辉则把师生关系分为教育关系和法律关系，着重分析了教育者和受教育者在法律意义上各自的权利和义务，并进一步将二者的关

① 陈复博．浅谈课堂中师生情绪的波动及其调节[J]．教育科学，1994（1）：37-39.
② 刘静．20 世纪 90 年代以来我国师生关系研究述评[J]．教育探索，2003（7）：52-54.
③ 刘静．20 世纪 90 年代以来我国师生关系研究述评[J]．教育探索，2003（7）：52-54.
④ 肖川．文化生态视域中的师生关系[J]．高等师范教育研究，1999（4）：45-50.
⑤ 陈桂生．略论师生关系问题[J]．教育科学，1993（3）：5-9.
⑥ 李瑾瑜．关于师生关系本质的认识[J]．教育评论，1998（4）：36-38.
⑦ 姜智．师生关系模式与师生关系的构建[J]．教育评论，1998（2）：27-29.

系分为对等的和不对等的法律关系两种。①

我们把师生关系理解成一种多层次、多性质的关系体系，师生关系是教师和学生在教学过程中结成的相互关系，包括彼此所处的地位、作用和相互对待的态度等，是教师和学生为实现教育目标，以各自独特的身份和地位通过教与学的直接交流活动而形成的多性质多层次的关系体系，至少包括以下四方面的内容。②

1. 以教学内容为媒介的工作关系

“教”与“学”的关系是师生关系中具有质的规定性的关系，无“教”与“学”的关系存在，也就无“师”和“生”的关系，其中也包括了教学进程中，教师对学生的组织管理关系。这种从组织和制度上决定的师生之间的关系必然会要求师生在教育过程中充当不同的角色。几乎在一切社会制度和时代中，教师都充当着教育者和组织者的角色，有一定的权威和权力；学生充当着受教育和被领导的角色，听从教师的领导，服从教师的要求。这两种角色的关系反映了一定社会的意志和要求，教师和学生是否进入角色，直接影响着教育过程的进行和效益。由于在教育过程中，教师同时充当多种角色，如知识传播者、家长代理人、模范公民、学生知己等，可能会发生角色冲突，因此，师生之间的组织关系就显得非常复杂。

2. 以心理交往为基础的人际关系

在这个层面上包含着师生之间认知、情感和个性的互动，这种直接或间接的心理交流为师生教育关系的基础，在很大程度上影响着教育活动的质量和效率。因此，师生之间的心理关系需要建立在相互认知的基础上，师生彼此之间的正确认知有利于教育目的的实现和教学任务的完成，然而，师生之间的认识总是要受到情感因素的影响，若控制不当，则会影响师生之间的正确认知，因此，教师要善于处理在

① 刘静. 20 世纪 90 年代以来我国师生关系研究述评[J]. 教育探索，2003（7）：52-54.

② 梁俊，漆明龙. 教育学教程[M]. 天津：天津科学技术出版社，2016：101.

认知过程中的情感和理智的关系，使师生之间在良好的感情关系中保持正确的认知。师生之间的心理关系对教育活动的影响很大。教师对学生的认识和感情能产生积极的教学效果，著名的罗森塔尔效应就是一个很好的例证，而学生对教师的信任和爱戴也会增强学生的学习动机，提高学习效果。相反，如是教师对学生存在不正确或不全面的认知，就会影响学生对老师的态度，最终影响到教育效果。

3. 以道德规范为基础的伦理关系

教师与学生都必须遵守一定社会的伦理要求，教师对学生的教育，不仅靠年龄和权力，更要靠责任心、义务感和师生情来维持。伦理关系是教育活动中师生关系的重要方面。在教育中，教师和学生组成了一个特殊的道德共同体，各自要遵循一定的伦理原则，承担一定的伦理责任，也享有一定的道义权利。因此，师生关系又表现为一种鲜明的道德关系。

4. 以法律规范为基础的法律关系

教师与学生作为法律上的权利主体，可以有两种法律关系：对等的法律关系和不对等的法律关系。前者强调教师与学生作为独立的主体，其权利义务的对等性；后者强调教师对学生拥有一定的教育权力和教育权力运行的行政性。

二、师生关系的类型

师生关系是教育过程中人与人之间最基本、最重要的关系。良好的师生关系是形成“无拘无束”教学氛围、激发学生高昂的学习热情、挖掘学生创造潜能的直接因素，它不仅会增强学生对教师的尊重和信任，而且还会影响到教育活动整体的水平和质量。一般来说，在教育活动中，教师是促进者、组织者和研究者，学生是参与者、学习者，同时又是学习的主人和自我教育的主体。而且，由于教师和学生身份角色的差异和教育活动组织本身的特点，使得师生关系在教育管理模式、教育主体性和人际关系等方面体现出不同的类型。

（一）教育主体性角度

根据在教育活动中教师与学生的主体地位，可以将师生关系划分为教师主导型、学生主导型和共享合作型。教师主导型主要围绕教师主体开展教学活动，学生自主性不能有效发挥；学生主导型主要围绕学生开展教学活动，教师与学生的合作性不够；共享合作型倡导师生共同学习、共同提高，是提高教学效果和实现师生共同成长进步的有效途径。

1. 教师主导型师生关系

教师主导型的师生关系是指在教学活动中，教师处于中心与主导地位，师生关系处于单向发展状态，教师更多地作为知识的权威传授者，教学活动围绕教师展开，学生只是被动的知识接收者。在教学过程中，教师往往更多地注重书本知识的传授，却在很大程度上忽视了学生的非智力因素和个人能力素养的培养和开发。教学过程中教师缺少与学生的交流与互动，对于教师提出的观点，学生不会提出质疑，更不会和教师进行讨论和争辩。因此，教师主导型师生关系下的教学活动，更多地表现为教师在教学中的个人主导。

2. 学生主导型师生关系

学生主导型的师生关系是以学生为中心，在教学活动中更多地体现学生的主体作用。教师从学生学习和身心发展的特点出发，进行教学过程设计和活动组织，而且在教学实施过程中，充分调动学生的学习积极性和个人能动性，将教学作为掌握知识、提升能力和素质、激发创造性的过程。这种师生关系充分发挥了学生的作用，但师生合作性不够，教师的作用没有得到应有发挥。

3. 共同合作型师生关系

共同合作型的师生关系中，教师和学生的教学活动，不是教师的“教”和学生的“学”的简单相加，而是师生共同合作、相互配合、共同学习、共同解决问题、相互启发，实现教育目标并共享教学成果的过程。师生之间呈现积极的双向交流，学生积极思考、提出问题、各抒己见，教师认真引导。教师能够从学生的角度出发进行教学设计、教学活动组织，学生能够在教师的指导下，了解教师的教学目的和教学思路，在相互理解和充分沟通的前提下组织开展教学。教学过程中的师生关系被看作是两个创造主体之间的交往、对话、合作、沟通关系，这种关系在教学过程的动态生成中得以展开和实现。学生在这种教学环境中能够成功地获得信任和信心，从而激发学生的积极性和创造性。正如徐特立所指出的："教师和学生，一切都是相互平等的关系，用中国的老话来说，叫作'教学半'或'教学相长'，在教和学当中教师和学生都获得进步。这是新的师生关系问题。"①

（二）教育管理角度

根据教育活动的管理模式，可以将师生关系划分为专制型、民主型、放任型三种类型。专制型师生关系强调的是基于命令与权威的管理理念；放任型师生关系体现出无序、随意和放纵的关系表现；而体现开放、平等和互助合作的民主型师生关系则是现代教育所倡导的。

1. 专制型师生关系

专制型师生关系是中外传统教育理论代表性观点，如以赫尔巴特为代表的西方教育理念。在这种传统的教育理念影响下，教学过程中的师生关系集中表现为学生绝对服从于教师，而教师则对学生严加管教。在传统的专制型师生关系开展下的教学活动，对于学生获取系统的学科知识和专业知识具有很大的益处。但另一方面，这种师生关系极大地压抑了学生个性和能动性的发挥，严重影响了学生的积极思考和个人能力的发挥，以致学生不能成为知识与能力兼备、思维活跃、富有创造力和探索精神、全面发展的人。而且，传统的专制型的师生关系缺失了教师与学生之间的民主平等性，教师"总是带着社会赋予

---

① 张建国. 徐特立师生观简述[J]. 徐特立研究，1995（4）：25-26.

他们的职业特权，在人格上凌驾于学生之上，以种种‘神圣’的借口，心安理得地强制学生学习，而对学生在性格兴趣等方面表现出自我发展的趋势总是用种种方法去防范”[①]。在这样的教学理念下，学生在教学活动中受到了极大的限制和约束，师生关系逐渐疏远甚至产生对立倾向。因此，专制型师生关系在一定程度上妨碍和影响了学生的自由发展。

2. 民主型师生关系

民主型师生关系主要表现为学生与教师同样具有较强的民主意识，学生与教师享有平等的地位和权利，并积极参与教学等各项活动。师生之间更多的是一种交流、对话、沟通、探讨的关系，是在教师的指导下，学生熟悉、理解、掌握并进行发现创造的过程。由于信息社会的来临，教师信息与知识上的优势被削弱，因此教师源于知识的权威受到一定程度上的挑战，师生平等的要求也就成为一种社会和教育发展的必然。在民主型师生关系中，教师和学生在教学过程中的关系是建立在双方人格平等基础上的合作关系，师生之间互相尊重、相互合作。乌申斯基曾指出，“在教育中的一切都应以教育者的人格为基础，因为只有人格才能影响人格”。面对现代社会开放性、多元化和信息化的特点，教师更应在尊重学生人格的基础上用自身人格魅力去感染学生、影响学生、引导学生。教师对学生的关爱和学生对教师的尊重，是协调教育者与受教育者和谐关系的基本要求，也是建立良好师生关系的重要条件。

3. 放任型师生关系

放任型师生关系主要是指在教学活动中，教师任由学生的学习、成长、心理发展等方面自由发展。教师将自己作为孤立的主体，将教育工作看作简单的知识讲授和信息传递，缺乏对于学生必要的管理与教育，学生处于轻松自由的学习状态。放任型师生关系过于强调学生

① 赵茜. 大学教室文化的离散化及其相关因素分析[J]. 河南工业大学学报（社会科学版），2010，6（4）：133-136.

的个体发展，从表面上看，学生处于非常宽松的教学环境中，对于学习态度端正、自我管理能力较强的学生提供了广阔的发展空间，但是同时也有可能造成部分学习主动性差的学生学习目的不清晰、学习重点受个人兴趣所支配、学习成绩下降、产生心理危机等问题，而且缺乏了教师的专业教育与引导，学生容易养成自由散漫的学习、生活习惯，一定程度上可能带来教学秩序的混乱。

（三）人际关系角度

根据教师和学生在教学活动过程中形成的人际关系密切程度，可以将师生关系分为对立型、亲密型和疏远型。对立型师生关系无法保障正常教学活动开展；疏远型师生关系对教师和学生成长不利；而亲密型师生关系则是师生追求的目标。

1. 对立型师生关系

所谓对立型的师生关系是指教师以权威者自居，以师长的尊严凌驾于学生之上，学生在教学活动等方面必须无条件服从教师的管理。教师不允许学生发表自己的看法和意见，学生的主动性和积极性受到压制，独立思维受到阻碍；有的教师以学习成绩作为评定学生好坏的唯一标准，不能公平、公正地对待每个学生；教师对学生的管理不讲究方法和技巧；学生对教师比较畏惧，师生关系紧张对立，师生之间容易发生冲突。

2. 疏远型师生关系

疏远型师生关系是指教师与学生除了课堂教学过程中的交流外，师生之间缺乏课堂之外有关学习、思想和生活方面的交流与沟通，造成师生间情感淡漠。教师不了解学生的兴趣、特长、个性，学生也没有了解和亲近教师的渠道与动力，因此在心理上会产生很强的距离感，关系相对疏远，甚至出现“课堂上是师生，课下是陌生人”的现象。

3. 亲密型师生关系

亲密型师生关系是指教师和学生在日常的教学活动和课堂之外

的生活中，建立了较为深厚的师生情谊。教师在课堂是学生心目中的好老师，在课下是学生的知心朋友，即人们常说的“良师益友”。在这种师生关系中，教师尊重学生、关心学生，不仅仅指导学生学习，还关心学生的心理、生活等各个方面的成长，和学生交流沟通多，了解学生的特点，能够做到因材施教；而学生也尊敬教师，教师与学生之间建立了互相学习，共同探讨提高的良性关系。虽然，由于教师的职业特点，使得教师在学识、专业知识系统和教学经验等方面与学生相比，具有很大的优势和长处，但这并不代表教师在任何方面特别是学识方面都优于学生，即所谓的“弟子不必不如师，师不必贤于弟子”。这种亲密型师生关系对保障教学活动良性运行和教学效果提升具有重要的促进作用。

通过以上不同类型师生关系的分析，我们认识到，现代教育建立师生关系的核心，就在于教师与学生之间应建立平等的价值观。教师在教学过程中实施民主的管理作风，教师与学生之间的交流与沟通，在教学活动中与学生相互配合、共同参与、共同学习研究。培养学生的自我管理和主动学习能力，引导学生积极参与教学活动，教师与学生通过合作，共享学习成果。同时，对于教师与学生之间的民主平等还要注意相对性，即为了维持教学活动的有序进行，要实现自由与纪律的有机结合，即民主平等关系要避免在教学活动中无原则的民主与自由。尤其从我国高等教育的现状来看，教育资源的有限性与高校发展需求的无限性之间的矛盾，必然促使高校间存在着激烈的竞争。而只有建立民主型、共享合作、亲密型的师生关系，才能使教育资源得到优化配置并得以实现，进而建立良性互动的教育环境。

三、高职院校师生关系的特点

高职院校教师生关系是高职教育教学中最基本、最重要的一种社会关系，以师生之间信息的传递、交流和沟通为前提，存在于高职教育教学的各个环节并贯穿始终。高职院校师生关系包含了复杂的社会经济、政治道德和微妙的情感心理等，具有自身的特点。

第一，高职院校师生关系是一种基于考试、录取制度建立起来的特定社会关系，是一种理性的人际关系。其中教师和学生是教学实践的主体，也是教育过程中最基本的元素。通过这种关系维系校园人际关系，使学校各项工作正常运转；高职院校师生之间的关系多样而复杂，除表现为在一定的教育目标下为共同完成教学任务而建立的工作关系和组织关系外，还表现为在师生交流的过程中，教师尊重和理解学生，关心爱护学生，学生像对待长辈一样尊敬、爱戴老师，从而形成师生间的长幼关系,并以此为基础进一步形成更紧密的朋友关系等。

第二，在教育活动中，高职院校教师处于较高的指导性主体地位。虽然教育的根本目标和教育过程中的行为规范是一致的，但教师的要求与学生的自身发展有时不一定形成合力。高校师生之间主要的差异是在于他们各自所拥有的知识、能力、阅历和地位。由于教师、学生的成长生活空间存在很大的差异，又都有着各自不同经历，教师和学生的思想观念、知识层次、社会成熟性、生活阅历等方面都有着差别，这就构成了师生关系的差异性。

第三，高职院校师生关系在情感期待上具有互动性。高职院校师生关系是一种成年人之间的关系,双方的心理都具有一定的成熟程度。在教育和科研活动中，教师与学生的态度和情感是相互影响、相互作用的。角色的期待在高校师生关系中表现得更为明显，由于大学生具有较高的认识理解能力，在接收到教师良好期待的信息后，立即会调动一切潜能，克服困难向期待目标奋进。同样，学生对教师的良好期待也会对教师的工作起着很大的推动作用，激发教师更大的热情，利用一切可能的条件或创造条件去实现学生期待的目标。

第四，相对于本科院校，职业院校更需要教师言传身教。普通高校以知识传授为主体的教育取向，决定了普通高校的师生互动大多是以知识传授为主，而高职院校以技能实训为主的教育取向，决定了高职院校师生互动多是以技能实训活动为主。相较于知识传授来说，技能实训更为丰富多样，以技能实训为主的高职教育多是直接应用于生产、管理、服务一线的技能操作，需要学生亲自操作、教师现场指导等一系列活动。因此，师生近距离接触互动交流的机会更多，使得师生关系能有更多的时间和机会去建立。

四、高职院校和谐师生关系构建的意义

高职院校不同于普通院校以知识传授为主，而是侧重于技能训练，因此其师生和谐关系同普通高等院校有着一定的区别，是一种以就业为导向，以职业和技能作为纽带的和谐师生关系。其课程体系和内容的职业性、技能性，使得高职院校师生和谐关系不再只是反映在理论知识教学中，更多反映在共同完成的技能训练中。这就使得高职院校师生和谐关系是一种平等互助、相互尊重的，孕育于大量交流机会之中的、影响持久的师生关系，对于完善学校自身建设、推动社会发展、优化学生成长环境，具有重要的现实意义。

（一）满足学生成长需要

构建高职院校和谐师生关系，对于满足学生学习知识、掌握技能、完善性格、提升能力等方面，具有重要意义。

1. 有助于满足学生对知识技能的学习需要

高职院校的学生群体，作为学生的基本身份，他们的根本职责之一便是在校园生活中，学习专业知识，为自己进入社会、步入职业生涯做好准备，因此，他们对专业知识具有较强的学习需要。高职院校师生之间的和谐关系，能够提高学生的学习质量和学习效率，能够促进学生对专业知识的学习和掌握。因而，构建高职院校和谐师生关系，能够满足学生对专业知识的迫切学习需要，对提升学生专业理论水平具有重要意义。[①]同时，高职院校的教学目标之一是培养学生的工作技能，然而单纯的理论学习无法满足学生对实践的要求，因而，如果学生能够与教师建立和谐的师生关系，教师结合自己的专业经验，对

① 张秉让．对构建和谐大学校园的思考[J]．山西财政税务专科学校学报，2007（3）：7.

学生的实践能力进行经验性指导，帮助学生切实掌握并不断完善自己的实践技能，从而提高学生的实践能力，满足学生对实践技能的掌握需要。

教师与学生间保持和谐的师生关系，对提高学生的个人能力，具有积极影响。一方面，学生在与教师进行良好的沟通交流过程中，教师可以及时发现学生学习、实践、思维等方面存在的问题，并为其及时提点和纠正，从而帮助学生改掉缺点、完善人格；另一方面，学生在与教师的相处过程中，会对教师的学术研究习惯、工作方式、处世原则等进行感受和评价，并从中借鉴和汲取优点来完善和武装自己，从而提高自己在未来社会生活中的生存能力。总之，高职院校构建和谐师生关系，能够满足学生学习专业知识和掌握专业技能的需要，并能够有助于学生提高个人的综合能力，从而促进学生的全面发展。

2. 有助于满足学生健康成长的需要

高职院校的学生，正处于性格的成熟期与人格的形成期，在此阶段对学生的思想、性格进行正确引导和教育，能够使学生受益终身，正如前人所说“性格决定命运”，积极向上的思想性格将在很大程度上影响学生未来人生路，对学生的成长具有重要意义。故而，高职院校构建和谐师生关系，有助于学生的思想健康和性格健全，满足学生思想、性格成长的需要。[①]

一方面，学生与教师间的和谐关系，是一种终生的情感关系，是组成人生情感不可或缺的重要内容，因而师生均应珍惜校园生活中的相处机会，在学习期间，双方建立起和谐的师生关系，从而丰富自己的情感体验、完善各自的人际关系，形成一种持久的感恩与关怀关系，并让这种美好的关系源远流长，温暖人生；另一方面，学生在与教师的和谐相处过程中，可以学习教师作为经验丰富的长辈面对学生时所采用的相处策略，这些无形的生活知识也同样是学生宝贵的学习资料，学生可以从中总结提炼、收为己用，从而掌握更为科学的人际交往技

① 蒋丹. 论高职院校和谐校园的构建[J]. 华章，2011（18）：111.

巧，提高学生在未来工作与生活中的人际交往能力，帮助学生在未来人际交往中做到游刃有余。

综上，高职院校构建和谐师生关系，能够为学生营造轻松的成长氛围、保证学生的思想健康和性格健全、完善学生的人际关系、提高学生的人际交往能力，从而不仅确保学生在思想方面的健康成长，还提高了学生在社会生活中的适应能力，对满足学生健康成长具有重要意义。

（二）满足学校建设需要

师生关系是学校最基本、最核心的人际关系，构建师生间和谐的人际关系，不仅能够提高教学质量、加强学校对学生的管理工作，还能够在校园内营造良好的人文、学习氛围，促进校园和谐，满足学校培养人才、发挥教学功能、建设和谐校园的需要。

1. 有助于提高学校的教学质量

“师者，所以传道受业解惑也”，其中“传、受（授）、解”，无一不靠良好的师生关系作为基础，如果教师能够通过与学生间日常的和谐关系，掌握学生的学习特点、学习能力、学习习惯以及学习的薄弱环节，并以此为基础，在教学目标的限定内，合理设计授课内容、授课方式、授课进度等，将有助于学生针对性地吸收知识。由此可知，和谐的师生关系，是师生间传递知识的有效途径，如果教师与学生间关系恶化、存在沟通障碍，不能做到互相了解和信任，甚至还彼此厌恶和排斥，那么知识在师生间的传递必然受阻，进而会直接降低教师的授课质量。第一，师生间的和谐关系，保证了学生在学习过程中遇到问题时，敢于并善于向教师反映学习难点，能够保持与教师的沟通意向，通过学生及时提出问题、教师及时解决问题，不但能够帮助学生顺利完成学习要求，还能够为教师了解学生的学习难点和学习情况提供依据，进而为学生的学习质量和教师授课的针对性起到积极的促进作用。第二，教师与学生间的和谐关系，能够提高教师与学生语言沟通的默契度，减少信息传递的障碍，从而提高学生对教师授课内容、作业安排的领会程度，进而促进学生对知识的吸收理解，提高学生学习质量。第三，良好的师生关系能够激发学生的学习兴趣，教师是教学过程中的主体，学生与教师间的和谐关系、对教师的良好感情，能够通过增强学生对教师的欢迎程度，来提高学生对相应课程的喜爱程度。同时，根据心理学理论，兴趣是人认识某事物或爱好某种活动的积极心理倾向，这种积极心理倾向是人一切活动强有力的鼓舞者和发动者。所谓兴趣是最好的老师，积极的学习兴趣是学生主动学习的动力，能够端正学生的学习态度、提升学生学习的主动性，从而有效提高学生的学习质量。总之，和谐的师生关系能够鼓励学生发问、引导学生领会学习内容，能够充分调动起学生的学习兴趣，进而提高学生的学习质量。①

高职院校构建和谐师生关系，能够提高师生间合作完成学业的效率。高职院校作为高等学府，在现有的考试、录取和毕业体制下，其学习方式具有特殊性，学习内容不但重视掌握理论知识和操作技能，还具有严谨的考核结业形式，学生不仅要完成专业的学习，还要完成修课、论文、考试等程序性内容，因而这一过程就需要教师与学生相互配合，在双方的共同努力下顺利完成，在完成教师教学工作任务的同时，完成学生的学业任务。这整个过程对教师与学生间的和谐关系提出了较高要求，只有通过教师的正确指导、学生的积极实践，整个学业任务才能顺利完成。

2. 有助于加强对学生的管理

高职院校构建和谐师生关系，不仅能够促进教师正确、有效地教育和引导学生的思想成长，还有助于学校对学生的思想状况进行及时把握和修正，从而全方位确保学生思想道德的健康发展，进而在整体上加强学校对学生的管理能力。

高职院校师生间建立起和谐的交往和相处关系，能够提高教师在

---

① 刘德功，曹计梅. 构建和谐师生关系的理性思考[J]. 现代企业教育，2007（10）：53.

学生心中的地位，增强教师对学生的影响力。一方面，和谐的师生关系要求教师给予学生足够的感情交流和情感关怀，赋予学生以更为殷切的期望，学生在这种情感的制约下，趋向于选择符合教师期望的成长道路，积极的情感制约能够限制学生行为，引导和帮助学生健康成长；另一方面，在和谐的师生关系中，教师尊重学生的人格、学生敬畏教师的威严，教师在学生心中的威严，能够对学生形成一定的威严制约，促进学生自觉服从教师的教化和要求，坚持选择正确的道路。

大学生活是学生们进入社会之前的过渡阶段，在此学习阶段中，家长和教师对学生的管理密集度降低，学生的学习目标、学习内容、学习方式以及同学间、师生间的相处地位和相处方式也发生了重大变化，这些突如其来的变化，对学生的心理承受能力是一个重大考验。这些问题的存在，对师生间关系提出了更高要求，教师与学生若能建立和谐的关系，在与学生进行人际交往的过程中，便能及时发现学生出现的思想偏差、存在的心理问题，实时掌握和了解学生的思想动向，并帮助学生随时解决问题、纠正偏差，修正学生的成长道路。不仅如此，通过教师对学生状态的掌握，一旦在学生中发生较具普遍性和严重性的心理问题，且教师解决乏力时，教师还可以及时求助学校，要求学校从更深入的层面、更广阔的范围，采用更专业的技术，对问题有针对性地予以解决。总之，高职院校构建和谐师生关系，有利于教师时刻了解和关心学生的思想动向，从而使学校能够更好地掌握学生情况，让学校在做学生管理工作时，更能够有的放矢。[①]

3. 有助于提升学校综合竞争力

高职院校构建和谐师生关系，还有助于推动学校的精神文明建设、促进职业院校的基本功能发挥、提升学校教师整体素质，进而提高学校的综合竞争力。

高职院校构建和谐师生关系，有助于推动学校的精神文明建设。师生关系是学校各种社会关系的核心，是最重要、最基础、影响力最

① 卢曼萍. 和谐教育的理论思考[J]. 文教资料，2006（24）：37-38.

大的社会关系，因而在高职院校内构建和谐的师生关系，能够增强师生间融洽的沟通交流，进而为师生营造一个轻松和谐的工作氛围。同时，和谐的师生关系还能够加强教师对学生精神文明的教育和引导，提高学生的思想素质，从根本上提升学校的精神文明建设水平。

高职院校构建和谐师生关系，有助于促进教师素质提升。在学生与教师的交流和互动中，学生的创新思维也能够引发教师的思考、学生的多角度提问也能检测出教师知识的漏洞，进而启发教师进行再学习，充实了教师的知识储备，提高了教师的业务素质。教师与学生的相处成为一门艺术，教师在与学生的沟通交往过程中，也逐渐锻炼着自己跟学生的沟通能力，帮助教师更准确地掌握学生心理、把握沟通技巧，从而全面提高教师的教学素质。总之，在和谐的师生关系中，通过教学相长，还能帮助教师强化专业知识、严谨教学研究、提升教学能力，促进教师综合素质的全面提升，进而带动学校教学水平的全面提高。

高职院校构建和谐师生关系，有助于高职院校全面发挥自身功能。高职院校是培养高素质技能人才的高等学府，通过构建和谐的师生关系，学校可有效提高教学质量、提升对学生的教育能力，进而有助于学校培养出高技能、高素质的专业化人才，积极发挥学校为社会输送人才的基本功能。

综上，高职院校构建和谐师生关系，能够加强学校精神文明建设、提升学校教师整体素质并进而提高学校的教学水平、促进职业院校的基本功能发挥并进而加强学校培养输出人才的能力，通过三个角度提升学校综合实力。

（三）满足社会发展需要

高职院校构建和谐师生关系，是对中华民族传统文化的继承和发扬，是满足社会技能型人才需求的重要保障，有利于为社会进步与发展提供更为丰富的人才资源，同时，还对构建和谐社会具有积极的促进作用。

1. 有利于传承中华民族优秀传统文化精髓

尊师重教、教学相长，这些先进正确的教育观念古已有之。以《论语》“子见南子，子路不说。夫子矢之曰：‘予所否者，天厌之！天厌之！’”为例，学生子路对孔子拜访南子的行为提出质疑，孔子则接受学生的意见，并尊重学生感受，向学生立下“予所否者，天厌之！天厌之！”的誓言。孔子能正视学生对自己的意见，并能够与学生进行平等的探讨，体现出孔子提倡建立和谐师生关系思想观念。再如，宋代著名理学家、教育学家朱熹，也曾提出：“书用你自去读，道理用你自去究索。某只是做个引路底人，做得个证明底人，有疑难处同商量而已。”在重视礼教、师道尊严的时代背景下，朱熹创新性提出了“引路人”的教师角色，和“共同商量”的师生关系，对构建和谐师生关系提出了思考。诸如此类的论述广泛存在于前人著作中，作为经典流传下来。因此，在高职院校中构建和谐的师生关系，是对中华民族优秀传统文化精髓的继承和发扬。文化是一个民族的底蕴，是前人伟大的智慧结晶，在教育领域里批判地继承传统文化中的精髓，是站在巨人的肩膀上，巧用千百年积淀下来的人类智慧为现代教育工作服务。教育是人类文明的起源，是社会发展进步的原动力，因而以教育为基点，在教育领域内追求对传统文化精髓的继承和发扬，更能够增加教育工作的科学性和文化内涵，进而有助于推动全社会的政治经济文化建设，提高全民整体素质。

2. 有利于为社会培养高技能高素质的专业化人才

高职院校构建和谐师生关系，能够全面提升对学生的教育水平，还能在教育过程中培养学生完善性格、适应社会的能力，从而为社会输出具备综合素质的专业化人才，满足当前时代背景下，社会发展对高质量、高技能人才的大量需求。首先，在高职院校构建和谐师生关系，有助于提高学生的专业素质。高职院校的本质即是为社会培养高度专业化的职业人才，而目前专业水平较高的技术性人才，是推动社会生产和科技进步的主要动力，在当前社会飞速发展、科技迅猛进步的时代背景下，整个社会各部门都在高速运转，对人才的需求量也空前增大，因而高职院校有必要也有责任通过构建和谐师生关系的有效途径，提升人才培养的能力，为社会输出更多操作水平较高的专业化人才，满足社会发展对技术人才的需要。其次，高职院校构建和谐师生关系，有助于提高学生思想道德素质。和谐师生关系能够通过正面引导、侧面监督的方式，对学生进行思想道德教育，以提高学生的思想道德素质，使学生的思想政治观念与党中央保持高度一致，保证学生拥有科学的世界观、人生观和价值观，高度的历史使命感与社会责任感。最后，高职院校构建和谐师生关系，有助于增强学生的心理素质。和谐的师生关系是排解学生思想问题的重要途径，教师在与学生的和谐相处过程中，通过对学生心理健康的正确管理和疏导，使得学生拥有较强的心理素质。总之，高职院校构建和谐师生关系，有利于学校培养出专业水平高、心理素质强并兼备思想道德素质的综合性高素质人才，从而满足社会发展对人才的需要。

3. 有利于促进社会主义和谐社会的全面建设

在社会转型时期，经济飞速发展的另一面，却是整个社会人际关系的日渐冷漠。构建和谐社会正是我国经济发展和社会进步的必然要求。首先，学校是社会的一个重要组成部分，校园和谐也是和谐社会的重要部分，构建高职院校和谐师生关系，化解师生矛盾、培养师生感情，从而构建起和谐的校园氛围，是在局部上构建和谐社会，是学校为和谐社会的全面构建做出的应有贡献。其次，在高职院校构建和谐师生关系，是在培养学生的和谐人际、人文和社会思想，让和谐理念深入学生思想，并影响学生未来的思想观念和行为方式。学生是未来社会的主体，是未来社会建设的中坚力量，培养具有和谐思想的未来接班人，是未来全面构建和谐社会的重要保障。总之，高职院校构建和谐师生关系能够促进校园和谐、培育学生和谐理念，从局部和整体两方面，共同为和谐社会的建设与发展起到积极的促进作用。

第二节　高职院校师生关系的现状扫描

师生关系是教育活动中最基本、最重要的人际关系，它贯穿于整个教育教学过程，和谐的师生关系在教师专业发展、学生个性成长及品质塑造中发挥着重要作用。李兰巧研究了国内、国外高职院校师生关系理论，进行了问卷调查和典型案例分析，总结了高职院校师生关系现状、存在的问题与影响因素，并有针对性地提出了构建高职院校和谐师生关系的方法与途径，力求达成高职院校教与学的和谐。①

一、高职院校师生关系的现实表征

（一）教师与学生对师生关系的整体认识和理解比较一致

师生两个群体之间对于师生关系的认识和理解总体来说比较一致，主要表现在以下几个方面。②

（1）大部分教师和学生都认为师生关系在教师教育教学和学生成长过程中发挥着重要作用。当前教师和学生对师生关系的主流理解和定位是“亦师亦友”的关系。目前影响师生关系的主要因素包括外因和内因，即社会环境因素和学生自身的因素。

（2）教师和学生对目前师生关系的满意度很高，多数持肯定评价。教师对自身所属群体、学生对教师群体的评价都很高。师生关系的主流是正向的，对学生的成长和进步起到了积极的促进作用。

（3）师生多用课后时间与学生交流，交流的内容以学生学习和生活中的问题为主，最主要的交流方式是面谈。在师生交往的动机方面，学生主要期待从教师那里获取人生经验与指导、学到更多的知识和技能。

（4）在师生互动中不可避免地存在着冲突。冲突发生的主要原因集中在课堂纪律、学生评优及困难帮扶等方面。大多数师生都认同目

---

① 李兰巧．教与学的和谐：高职院校师生关系构建艺术[M]．北京：北京大学出版社，2013．

② 李兰巧．教与学的和谐：高职院校师生关系构建艺术[M]．北京：北京大学出版社，2013：113-114．

前师生关系存在的主要问题是师生交流太少，认为教师教学与研究任务繁重是阻碍师生交流的最重要原因。

（5）大部分师生对于建立良好的师生关系有信心，但也有不少学生信心不足，显示出学生在师生关系中的被动地位和心态。学生向教师寻求帮助时，教师的表现比较积极正向，一般情况下都会有求必应、热心帮忙。

（二）不同性别的学生在对师生关系的认识和理解上存在一定差异

相比较而言，男学生将师生关系定位于“提供服务者与消费者”的比例要高于女学生，利用课间、周末或节假日时间与老师交往的比例要高于女学生，认为学业任务繁重是阻碍师生沟通的重要原因的比重高于女学生，对于建立良好关系没有信心和说不清的比例均高于女学生。

（三）不同年级的学生在对师生关系的认识和理解上存在一定差异

随着时间的推移和年级的增长，多数学生与教师之间逐渐相互熟悉、交流互动逐渐增多、关系逐渐趋向紧密。对师生关系重要性的认识以及对师生关系的整体评价随着年级的增长而提升。

不同年级学生与教师交往频率存在差异，随着年级的增长，学生与教师交流的频率不断增加，且与教师发生冲突的比例也有所下降。

不同年级学生与教师交往的动机存在差异，从大一到大三学生与教师交往动机的变化趋势是：希望从教师那里“学到更多知识和技能”的学生比例不断下降，而希望“获取人生经验与指导”的比例不断上升。

不同年级学生对师生关系定位的认识存在差异，总的来说，学生普遍认同师生关系是“亦师亦友”的关系，这也是当前师生关系的主流和基调。但各年级学生在"师徒关系"的认同方面有一定差异，大二最低，大较高，大三最高。

（四）不同学科的学生在对师生关系的认识和理解上存在一定差异

不同学科的学生对师生关系重要性的认识存在一定差异。工学、教育学、理学对师生关系重要性的认识和评价高于其他专业。

不同学科的学生对师生关系的定位存在一定差异，多数学生都认同师生关系是"亦师亦友"的关系，但经济学学科的学生认同"提供服务者与消费者"的比例高于其他学科；工学、理学、教育学三个学科的学生认同"师徒关系"的比例明显高于其他学科。

二、高职院校师生关系的典型问题聚焦

我国有着"尊师重教"的优良传统，高职院校师生对师生关系的构建也非常重视，从相关研究来看，教师和学生对目前的师生关系的现状比较满意。但就我国当前高职院校师生关系现状来看，也存在一些不和谐的现象，值得认真梳理和把握。

（一）面对面交往机会日益减少，交往实效性偏低

20世纪末高校开始扩招后，高职院校的规模急剧扩大，目前我国已经建立了世界上规模最大的高等教育，高等职业教育占据了高等教育的半壁江山，但同时也产生了一些问题，如师资不足、教学资源紧张等问题，对高职院校的师生关系产生很大影响。高校扩招后，在校学生人数急剧增加，导致教师数量不足，教师教学任务不断增加，合班上课非常普遍，教师面对更多的学生，授课时数上升，批改作业更多，教师常常是上课才来，下课就走，而且，高校教师不坐班，这导致除了上课时间外，教师与学生交流的时间和机会减少。教师与学生之间互相不了解，甚至上完一学期课后，教师还不认识学生，不能叫

出多数学生的姓名，存在师生间“见面不相识”的教育尴尬。从课题组调查情况来看，师生交往的频率不太高，经常交往的占调查人数总数的 33.6%，而偶尔交往的占 57%，除了课堂教学外无任何交往的有 9.4%。良好师生关系的建立首先得交往，交往机会如此之少，甚至无交往，感情如何建立？师生关系如何能好？交往机会偏少被认为是师生关系存在的主要问题。64%的教师认为，对于师生关系存在的问题是师生之间交流较少，12.1%的教师选择了学生不尊重教师，11.1%的教师选择了教师不关心学生。学生中认为师生之间交流较少的占到总学生数的 71.5%，而认为学生不尊重教师的占 15.6%，教师不关心学生的占 8.9%。①随着现代科技的发展，教育教学条件日益先进，师生交往的手段更加现代、先进和多样。面对面交往不再是师生交往的唯一方式，智能手机的普及更增加了师生交往的便捷，微信、QQ、博客等通信方式的出现更增加了师生交往的机会和方式。从调查来看，尽管面对面交流仍然是师生交流的首选方式，占受调查学生总数的 32.6%，而通过电话进行交流的学生也占 29.9%，通过网络交流的占 20.6%，通过开展活动进行交流的占 13.8%。但是，值得注意的是随着现代通信工具的普及，师生面对面交往的时间越来越少，而通过电话、网络进行交往的会越来越多，这种非面对面的交往方式的效果往往不如面对面的交往，特别是不利于师生之间感情、心理的交流，不利于深层次师生关系的建立，交往的实效性降低。②

（二）师生感情日益疏远

高职院校的部分学生的学习功利化倾向日趋严重，学风浮躁，应付考试，“六十分万岁”。有些学生平时不注意自身修养，而寄希望于“关系网”，在日常生活中和老师拉关系、套近乎，有的学生在评优、

① 李兰巧. 教与学的和谐：高职院校师生关系构建艺术[M]. 北京：北京大学出版社，2013：118.

② 李兰巧. 教与学的和谐：高职院校师生关系构建艺术[M]. 北京：北京大学出版社，2013：120.

当学生干部等方面动机不纯，接近老师不是为了获取知识，而是为了获得利益。师生关系被染上了一层功利主义的不洁色彩，师生间神圣的交往变成一种交易，在很大程度上伤害了多数学生的利益和感情，降低了学生对教师的信任度，降低了社会及家长对学校的信任度，严重扭曲了师生关系的精神实质。

（三）课堂教学低效，损害师生关系

在高职教学过程中，教师和学生的关系应该是一种教学相长的互动关系。学生通过教师的影响获取知识，学到治学的方法；教师也能在交往中获得启迪，提高自身的学术水平。然而，目前多数教师的教学过程仍然以讲授为主，且教学方式陈旧、枯燥乏味，缺乏创造性、吸引力，师生之间鲜有思想的沟通、情感的交流。有些教师在教学过程中照本宣科，从理论到理论，就书本谈书本，缺乏个人的主动思考；有些教师以为自我中心，以权威自居，居高临下，发号施令，要求学生绝对服从，不允许学生提出任何异议；有些教师对学生学或不学，来或不来，不管不顾，放任自流，任其发展；有些教师只顾自己上课教学，一味按照自己的思路传授知识，忽略学生的课堂反应，对学生所提出的问题充耳不闻，对学生的反应视而不见……以上行为的存在，将教师的教与学生的学相互割裂，从而造成课堂教学低效化。部分高职学生学习兴趣不浓，没有养成良好的学习习惯，学习成绩较差；上课不认真听讲，不遵守课堂纪律，干扰教学正常进行，打击教师教学的积极性。一些学生责任感缺乏，思想道德较差，不尊重教师，受社会不良风气的影响，崇尚拜金主义、享乐主义，与社会、学校、教师倡导的主流价值观冲突，严重影响正常师生关系的建立。

（四）师生矛盾多元化，师生冲突时有发生

随着社会的发展，作为高职院校主体要素的教师与学生，其矛盾也呈现出多元化的特点。首先，这种矛盾冲突表现在语言方面。高职

院校教师有较高的文化修养，教师群体在工作中形成了许多稳定性较强的专业术语或工作语言。大学生属于年轻一代，思想活跃、活泼好动，接受社会中的新鲜事物较快，语言方面的突出特点是新潮且稳定性差。师生接触时，两种不同风格的语言很容易引发冲突。其次，高职院校师生冲突表现在制度上。在课程设置制度中，课程设置的内容难免与学生的兴趣、志向发生冲突，学生对一些课程缺乏兴趣，没有学习动力，甚至产生抵触情绪，这种不良情绪必然会反映在学生对待课程执行者——教师的态度之中。第三，高职院校师生冲突表现在价值取向方面。教师具有较为成熟的世界观和人生观，教师的价值观代表着主流文化。而大学生从年龄特征上来看，其世界观、人生观处于从未定型向逐步成熟过渡的时期，思想尚不成熟，认识有时片面，在行为准则方面，学生往往不能很好地处理个人与集体、民主与集中、自由与纪律的关系。由于高校教师与大学生有着不同的价值取向与人生观，二者之间不可避免地会产生冲突。

第三节　高职院校师生关系的问题归因

高职院校师生关系的不和谐，直接影响了高校教育教学的效果，导致师生之间的矛盾与隔阂。影响师生关系的因素复杂，归纳起来有如下几个方面的原因。

一、学校层面

（一）高职院校扩招

为适应经济社会和自身发展的需要，近些年来，许多高职院校实行扩大招生，扩招最直接的影响是师资日趋紧张，教育基础设施的紧缺，从而影响师生关系。首先，扩招后，学校学生人数骤增，致使师资不足，教师忙于应付教学，很少有时间进行教学研究，教学内容不能及时更新，教学方法落后，影响了教学质量和教学效果，加之初始生源质量参差不齐、管理欠缺等方面的原因，教育质量面临严峻的挑战，师生之间交流也越来越困难。与此同时，教育基础设施的紧缺问题日益突出，教学硬件严重不足。其次，高职扩招进一步加剧了就业压力，学生功利性行为冲击着师生关系。由于招生规模的急剧扩大，导致就业竞争加剧，学生的求职期望值又过高。加上现在的用人单位，对学生通过英语四、六级，计算机等级考试等方面要求很高，使校园出现了“考证热”，而将专业知识的学习放在了次要的地位。教师的授课，得不到学生积极的反应，提出的问题没有人回答，要求完成的作业也是拖拖拉拉，这对教师的工作积极性是一种很大的打击，这对师生关系也造成一定的影响。再次，过度扩招带来的学生心理障碍问题。扩招在某种程度上降低了入学考试要求，让更多的学生比较容易地取得入学资格。入学以后，为保证教学质量，进行严格管理，引入淘汰机制，增加了学生的心理压力，另外就业、交友、恋爱等一系列问题，也困扰着学生，如果处理不好，也会造成的心理压力，进而形成心理障碍，影响师生间的沟通与交流。

（二）高等教育消费主义观

当前我国高等教育已经处于“大众化教育”阶段，随着高校扩招和缴费上学，教育中的消费主义观日趋盛行。教育中的消费主义观，是教育全球化和教育产业化思潮影响下的一种产物。它视教育为一种消费行为，它把教育管理看作是一种商业运作，把教育的经济价值绝对化。教育中的消费主义观念严重歪曲了高校的育人功能，将高校等同于买卖消费的市场，将师生关系简单视为服务与被服务的关系。教育中的消费主义倾向严重影响了高职院校师生之间的和谐关系。很多家长将孩子上学作为一种教育消费：将孩子视为“消费者”，教师是出售知识文化的“商人”，导致师生关系由民主、平等演变为契约合同式的关系、服务与被服务的关系，对教师的权利和义务进行重新审视和质量评价。学生和家长对教育投资有较高的收益回报期望，这与当前紧张的就业形势相矛盾，使得学生对高校，特别是教师产生不满情绪；

与此同时，受教育消费主义观的影响，面对消费者身份的学生，教师也在估算自己的劳动价值，认为自己的付出已经远远小于回报，严重地挫伤了教师教学研究、教学改革等方面的积极性，不愿在教学上投入太多的精力。学生对教师的尊重程度、信任程度下降，使得教师在情感方面受到伤害，教书育人的热情降温，导致部分教师抱着基本能对得起学生的想法进行教学，只要不出教学事故或学生反映不过于强烈，教学任务基本完成就足够了，这必然给师生关系蒙上灰色的阴影，伤害师生之间的感情。

（三）高职院校考核评价体系

从职业教育规律来看，高职院校的发展应以实践为主，走校企合作、产教融合的道路，与之相适应，考核评价机制也应该突出教学实践成果，然而实际上，很多学校遴选教师的最重要标准就是学术价值，即看教师是否具有学术创造力和是否具有很高的学术造诣。学术的标准其实就是科研的标准，教师的教学素质则不受重视。这样的结果是教师上课的积极性不高，而把大部分时间和精力投入到科研中，无暇考虑学生的需求，更不去考虑如何建立良好的师生关系，而学校也期望教师发挥学者的功能，进行科学研究，主动争取课题并产生社会效益。教师重科研轻教学，很少与学生进行交流，师生关系弱化为教与学的关系，一方仅仅讲授和传递书本知识，另一方只是知识的接受者，师生交流的只有知识，较少有情感的交流与沟通。这种师生交往，老师无法了解学生，不能给学生在确立与调整志向、培养发展能力方面以指点，而学生对老师的治学风格知之甚少，很难吸收老师讲授的精华。师生之间距离也变得远了，不仅表现在空间上，更重要的是表现在心理上。

（四）学校的教学模式

当前，学校的教学模式随着社会的发展和信息化的高度普及也发生着变革，很多教师在课堂上都放弃了传统的板书，而改为用现代的

PPT 进行演示教学，高职学生自身基础差，老师的讲解速度又很快，学生的思维跟不上教师的教学思路，导致学生无法专心于听讲，再加上高职学生学习自觉性不高，以及教师教学缺乏吸引力等诸多原因，课堂上就出现了学生看小说、玩手机、睡觉等现象。在这样的课堂气氛中，教师的讲课情绪也受到了影响，讲课也没有了激情，致使学生觉得教师讲课更加乏味，久而久之学生就慢慢出现逃课现象，教师和学生之间不要说情感沟通，有时候一学期都很难见上一面，导致双方关系变得疏远。

二、教师层面

（一）传统教育思想

在传统教育思想中，教师的核心角色被定位于知识的传授者，认为教师主要甚至唯一的任务就是把人类长期以来积累的知识经验传授给学生，以此实现学生的社会化和个体化。这种传统教师角色的定位影响着教师真实“自我”的呈现，进而影响着师生间的交往。在正常情况下，师生关系是一种平等互动关系，他们本着沟通和理解的目的，通过教育对话的途径，在学校情景的导引和熏陶下，彼此相互吸引、参与和沟通，从而分享对方的知识、思想、意向和情感，师生双方的交往应建立在开放、接纳的心理基础上。但一直以来，人们都喜欢把教师当作理想人物看待，寄予过高的期盼。教师也往往十分注意自己的师道尊严，给人威严、严肃、不易接近的印象，导致学生不愿与教师多沟通与交流。加之有些教师受到传统教育以“教师中心、学科中心、课堂中心”观念的影响，在教学中始终居于支配者的地位，教育观念缺乏时代性、针对性，缺乏对社会、对学生全方位的认知能力，导致自身定位存在片面性和不确定性。另外在实施教育管理过程中，教师虽然力求在形式上多样化，但在实效上却不尽人意，传统式的、空泛的说教，必然在思想上与学生产生差异，从而导致师生间行为上的不和谐。

（二）教师教学能力欠缺

一些教师在教育教学过程中，往往是说教有余，引导和沟通不足，使学生产生心理上的抵触，师生之间变得冷漠，从而使教与学形成阻隔乃至对立，学生的主体意识、主动精神难以得到培养和发展。尤其在学生犯错后，一些教师缺乏爱心与耐心，忽视了学生的心理特征，处理方式失当，结果师生间出现思想上的隔阂，行动上的抗拒。另外就是教育教学方式运用不当，教师不能更新教育教学观念，掌握新方法，仍然沿用传统教育模式，热衷于“尽心训导”、“竭力传授”、知识“灌输”，这样既限制了学生发散性思维的发展，又制约了学生创造性思维能力的形成。而学生渴望的“自由”的学习方式，即学习内容可选式，学习方式自由式，学习成果不定式。而这种要求在高职院校中却不能被有效实施，学生体验的仅仅是被动和无奈，由此也导致了师生关系不和谐。

（三）教师人格魅力的缺失

著名教育家乌申斯基曾经说过，“教师人格对于年轻的心灵来说，是任何东西都不能代替的最有用的阳光，教育者的人格是教育事业的一切”。随着改革开放和市场经济的发展，一些教师思想观念滑坡、师德修养降低，有的教师以薪金多寡论取舍，以名利得失谈去留，身兼多职为谋利，起早贪黑为营私。贪图享乐，不思进取；误人子弟，不思悔改；欲壑膨胀，不择手段。有的教师不热爱教师职业，没有职业的神圣感和自豪感，只是暂时滞留在教师岗位上，他们在工作上懒懒散散，备课敷衍了事，上课照本宣科，投入到教书育人中的精力少而又少；一些教师看好这个职业，但只是把教师工作当作一只“稳定”的、“旱涝保收”的金饭碗；一些教师热衷于第二职业，教学应付，主要精力花在别的营生上；还有的教师不具备基本的职业素质，工作随意性强，自由散漫，上课迟到、早退，随意调课、停课，对学校的纪律置若罔闻等。大学生心理渐趋于成熟，具有一定辨别是非的能力，面对部分教师不求进取、敷衍了事、重利轻义等现象，心存芥蒂，渐渐疏远。

三、学生层面

（一）价值取向多元化

新时代大学生价值取向的主流是积极向上的，自立、竞争、效率、创新等意识日趋成熟；但由于市场经济条件下经济成分和社会结构的多样化，导致了利益主体的多元化，拜金主义、享乐主义、极端个人主义等错误价值取向也在部分大学生中流行。一方面，当代大学生为社会主义市场经济建设所取得的成就深感自豪，并感到自我责任重大，自觉勤奋学习。另一方面，在市场经济重利原则的影响下，“勤俭节约、艰苦朴素”的传统道德观念淡化，转为注重对物质利益的追求，受其影响，部分学生在生活中缺乏艰苦奋斗的精神，时时讲享受，事事讲实惠，从过去的“言不及利”变为现在的“言必及利”；有的大学生为物欲所蒙蔽，厌恶读书，想方设法地经商赚钱，甚至置法律于不顾，使用违法手段谋取钱财，走上犯罪的道路。还有些大学生在理想和现实的巨大反差面前焦躁不安，内心充满困惑、苦恼，为逃避苦恼陷入享乐主义的误区，不少学生简单地把经济收入作为衡量人生价值的标准，理想主义热情减退，急功近利，生活情趣趋于庸俗化、非理性化。以教师为代表的正统观念与学生为代表的价值观念多元化的并存，必然引起师生对某些事物的感知、理解、判断和评价的不一致，由此出现矛盾和冲突。

（二）自我意识的强化

随着社会的发展和进步，经济体制与政治体制改革的深化，特别是全球化进程的加快，导致整个社会观念意识的变化，价值主体由社会本位向个体本位偏移，独立意向进一步增强。在市场经济的社会大环境中，不少青年学生更是在人生价值观上崇尚自我，以个人为主体，注重个人奋斗，强调自我价值的实现。当代高职学生普遍有一种成人感，意识到自身的独立性，希望获得自立，喜欢表现出成人的作风和气魄，具有强烈的参与欲和被承认欲，自尊心特别强。同时市场经济为学生们提供了更多选择的机会、丰富的视角、活跃的环境，加上大学生对自我选择的迫切性,萌生了强烈的自我完善的冲动与有为心态。此外当代学生关心自我的成长，随着生理发育，高职院校学生的心理也在不断成熟发展，自我评价渐趋成熟。当代大学生正处于青年时期，他们普遍意识到自己需要独立地承担一定的社会义务，因此，往往通过自我观察、自我总结等手段较全面地分析评价自身优缺点，以寻求合适的角色位置，并基于这种逐渐成熟的自我评价，形成相应的抱负和期望。与此同时，学生中也出现了道德自我评价思维的日益成熟及道德行为实施过程中的心理断层现象，他们开始从“他律”逐渐向“自律”转化，道德义务感开始起作用，开始能对正确的行为感到“问心无愧”，对自己不正确的行为感到不安而克制，但这种自主性常受到环境和各种外在因素的影响，可塑性很大。他们独立性较强，不愿意过多地依赖教师，希望能在高校这个“小社会”锻炼自我、完善自我，他们也不愿向教师敞开心扉，喜欢自己思考，独立处事，从而增加了师生沟通上的难度。

（三）责任感的失衡

高职学生群体是一个趋于成熟但尚未完全成熟的群体，他们涉世不深，同时又相对敏感；他们追求理想，同时又相对远离现实。在多种因素的冲击和影响下，当代高职学生更注重自主性和务实性，希望实现自我在物质利益、权力地位、成才愿望等方面的要求，而与此同时，他们的社会责任感却日渐淡化。具体表现为两个方面：一是自我责任感明显强化，他人责任感多被忽略。当今高职院校的学生的个体意识和主体意识日益增强，其进取精神和成就欲望及自我责任明显强化。在升学、就业、爱情等重大问题上，他们力争做出深思熟虑的选择，并为此负责。但与之相反，在追求实现个人目标的过程中，他们中的一些人往往忽略甚至排斥他人的存在，而且对他人的要求还十分苛刻。二是职业责任感总体向上，集体责任、社会责任感淡化。高职学生的职业责任感总体而言是积极向上的，对责任心在事业成功中的重要作用，他们有很高的认同率，但对集体的认同率较低，缺少对所在班集体的热爱之情和参加集体活动积极性，甚至对此毫无兴趣。虽然他们也承认要兼顾集体、个人利益，但在内心深处更注重个人利益的实现和保障，对认为与自己无关的事件与问题漠不关心，对学习政治理论一类的课程积极性不高，表现出极强的实用主义学习态度，很少主动与教师进行交流，增加了师生交流的难度。

（四）消极的学习行为

当前，高职院校学生的来源主要分两类，自主招生和统招。本身统招的学生都是高考分数比较低的，而自主招生的学生成绩和整体素质也不高，他们在学校的主要精力并没有放在学习上。在教学过程中，很多学生无法主动配合教师开展教学活动，没有树立勤于思考、勇于质疑、敢于创新的精神。课堂上，只有老师在说，学生很难真正与老师形成互动。在平时的学习中，学生既没有想法也没有机会与老师一起共同讨论、研究并解决问题，缺乏求知能力和创新精神，课余时间更是忙于琐事，很少参与学校和班级的活动，导致师生关系淡漠。大多数学生没有建立正确的学习观，往往认为经过了高考，就熬到了头、万事大吉，进入学校后，就一味地放松，不认真学习，也不喜欢学习。作为学生，缺乏学习兴趣，缺乏学习动机，久而久之，不尊重、不信任、不理解的情绪就会积压，导致老师与学生之间的沟通变得越来越困难。

四、社会层面

（一）传统观念与现代流行文化的冲突

我国自古以来就有“师严然后道尊，道尊然后民知敬学”的文化传统，中国人“师道尊严”的思想根深蒂固。传统的师道尊卑，给了教师这一职业冠以崇高的社会地位。学生们十分敬畏自己的老师，师生关系在人们心中便有了一些神圣的色彩，特别是其中包含的“尊师”理念，使师生之间在无形中竖起了一道天然的屏障。在与学生建立良好师生关系的过程中，教师要“有所为，有所不为”。师生相处是一门艺术，教师对学生应该亲而不密、疏而不远。这种和谐的师生关系，有利于教师灵活应对各种师生交往，也有利于教学的提高和学生的发展。然而，很多教师很难拿捏与学生之间的距离，和学生过于亲密就感觉有失教师身份，过于疏远不利于师生之间的友好相处。虽然有微信、QQ 等交流工具方便师生交流，但部分老师还是不愿意和学生走得太近。学生更不知如何处理对老师的敬畏感，往往畏惧感胜于尊敬感，面对教师常感到拘束不安、束手无策，即使有学习和生活上的困难，也不敢找老师沟通交流。

（二）多元价值观的负面影响

在功利主义的影响下，“经济人”价值观念依然存在，使在现实生活中金钱成为衡量个人能力与价值大小的首要尺度。与传统“知识无价”的价值观相悖，加上近年来教师的负面新闻增多，教师的社会地位也大大地降低了。学生对教师的崇敬感逐渐下降，对老师职业的认同感下降。有的学生受社会网络金钱价值观的影响，以金钱来衡量一个人的成就，不认同教师的职业，尊崇高消费和享乐主义，与教师的交往只是为了自己的考试成绩、评优等功利性目的，对自己的老师缺少感激之情。还有部分学生由于对大学学习抱有很高的理想但进入学校发现理想和现实之间的差距很大，内心充满恐惧和困惑，觉得自己的理想很渺茫。此外，由于高职学生的世界观、人生观、价值观还在逐渐走向成熟的过程中，自我独立意识和创新意识明显增强，不愿受老师过多的干涉和管束，容易受到网络和社会各方面的影响，和老师的传统价值观念产生分歧，容易导致师生之间产生矛盾和冲突。

（三）信息社会对教学的冲击

首先，随着多媒体和网络技术时代的到来，教师、课堂不再是学生获得知识的唯一来源，学生通过网络可以搜集到各种自己感兴趣的知识，利用网络获取到各种各样的学习资料，查看最新的研究成果，使自己的知识系统更加丰富化和个性化。其次，网络学习有显著的优势，比如内容丰富、更新快、形象化、自主性高、人人平等、各抒己见等，这些容易为学生接受。久而久之就习惯了无拘无束的网络学习交流方式，不喜欢被动地接受教师讲的知识，学生面对课本上枯燥的知识更加不感兴趣，容易对老师的教学和要求产生逆反心理，进而出现顶撞老师、不尊重老师的现象。因此，在网络社会面前，高职院校师生关系正遭受到前所未有的挑战。

第二章 高职院校和谐师生关系构建的理论审视

学校内部主要存在着三种最主要的人际关系：教师之间的关系、学生之间的关系、师生之间的关系，它们都直接而具体地影响着教育教学活动。其中师生关系、同伴关系（学生之间的关系）又直接呈现于课堂教学之中。近年来，我国教育理论界有越来越多的研究者注意到师生关系对学校教育活动和教学质量的制约性。尤其是随着教育教学改革对内部深层次问题的触及，研究者对于师生关系的考察也逐步走出了单一的教育学领域，而更倾向于在多学科、多纬度的视野当中审视师生关系，因此，对师生关系的诠释也更趋于丰富、全面。

第一节 教育学视域中的师生关系

师生关系具有多个维度，居于核心地位的是师生在教育教学过程中产生的关系，从教育学视域审视师生关系，主要研究对象是主体和主体性。主体一般是指有意识、有主观能动性的人。人作为主体，从事着改造自我、塑造自我、建构自我、发展自我的实践活动。对人的主体性的认识有多种看法，总的来说，主体性就是人的主动性、能动性和创造性，是不同于物的根本特性。在此认识的基础上，人本身的自然力、被人所掌握并进入教育活动领域的知识和能力、对实现教育目的起积极作用的情感和意志等，这多种要素有机结合而形成的复杂整体，就是教育中的主体性。[①]目前，对师生关系中的主体和主体性的研究主要形成了以下几种具有代表性的观点。

一、单一主体说

单一主体说认为，教育活动中的主体只有一个，可以分为教师主体说和学生主体说两种对立观点。教育史上，赫尔巴特倡导“教师中心”，被认为是教师主体说的代表，同时也是传统教育的代表。教师主体说强调教师在教育教学过程中占据绝对支配地位，是唯一的主体，学生是教育的对象，是教师加工改造的对象，不具有主体地位，而是与教育内容一起作为教师活动的对象和客体，其哲学基础是机械唯物论，心理学基础是行为主义。卢梭、杜威等人在批判传统教育理论的过程中，针对“教师中心”提出了“学生中心”，被认为是学生主体说的代表。学生主体说认为学生的发展是一个主动的过程，教师不是教学活动的主体，教师的作用只在于引导学生的学习兴趣，满足学生的需要；教学活动的唯一主体是学生，教师以及教学内容是被作用的对象和客体，其哲学基础是内因论，心理学基础倾向于人本主义。

教师主体说倾向于认为教育是通过外部控制对学生进行塑造，以社会的、成人的思想和目标来规范进而塑造学生。在看待师生关系的时候，认为教育的主体是教师，教育的客体是学生。教学过程中，学生常常被教师视为被动接受知识的容器，只能无条件地接受教师的知识传授，按部就班地执行教师的指令，教学过程由教师全权包办，采用填鸭灌输的方式进行教学。教师在课堂教学过程中，以课堂为中心，以教材为中心，学生被视为教学的客体，其主体性不被认可和尊重，学习的积极性和创造性难以得到发挥。

学生主体说与教师主体说相对立，主张学生的身心发展规律在教育教学中居于支配地位，学生是教学过程的主体，教育教学活动的中心是学生。学生主体说一味强调学生的主体地位，忽视教师对教学活

---

① 胡弼成．教育主体评议[J]．大学教育科学，2008（2）：66-71.

动的引导作用，在实践中容易产生为了体现学生主体性而造成的学生自由主义的极端现象。

从教育发展历程来看，教师主体说和学生主体说，在理论上各自存在偏颇，在实践上阻碍和谐师生关系建立，其主要原因是不能辩证地看待教师与学生在教育教学过程中的地位，对师生关系的认识采取了简单的二元对立的思维方式，把教育视为一方控制另一方的过程。实践证明，单一主体说不仅损害了学生学习的积极性和学习质量，也扭曲了教师在教育教学过程中引导作用的发挥。随着教育理论的发展，持有单一主体说的极端观点已不多见。教育教学是教师引导下学生自我建构的认识活动与实践活动，如果教师是教育教学过程的唯一主体，教育教学过程便成为教师的实践过程，学生只能成为被动的客体，教育教学也就成为教师而非学生的发展过程。但如果一味强调学生的主体地位，忽略教师的引导作用，教育也就成为学生的自学而非师生双方共同参与的活动。单一主体说比较极端，于是产生了“主导主体说”对其进行修正。

二、主导主体说

主导主体说的核心观点是：教师在教育教学过程中起主导作用，学生处于主体地位。主导主体说形成于我国20世纪80年代的教育理论界，针对我国当时的教学现状辩证地阐述了教学认识过程中教师的作用和学生的地位：“在教学过程中，教为主导是对主体的学的主导；学为主体是教主导下的主体。”学者王策三认为，“在教学中，教师起主导作用具有客观必然性和必要性。教学的方向、内容、方法、进程、结果和质量等，都主要由教师决定和负责”，“但是，教却又是为学而存在的，否则就毫无意义；教师主导作用也必须有一个落脚点，这个落脚点只能是‘学’；教学所追求的目标和结果，一定要由‘学’体现出来。更为重要的一点，‘学’是学生自己的独立的主动的活动，教师包办代替不了”[①]。

① 王策三. 论教师的主导作用和学生的主体地位[J]. 北京师范大学学报，1983（6）：70-76.

主导主体说的内涵有两个方面：第一，学生是身心发展的主体，是教学这种特殊认识活动的能动主体，教师则是教与学这个特殊认识过程中的主导者。第二，“教学的方向、内容、方法、进程、结果和质量等，在教学的认识过程中主要由教师所决定、负责；学生这特殊的主体，由于受其自身条件及社会客观条件的限制决定不了也负不了这个责任。教师之所以起主导作用，是因为教师受国家社会、党和政府的委托，‘闻道’在先，而且受过专门的教育训练，教和学的方向、内容、方法进程等他都已掌握；而学生尚未‘闻道’，特别是中小学生，正在发展成长时期，知识和经验还不丰富，智力和体力还不成熟。”① 主导主体说既论证了教师主导作用的必要性，又肯定了学生的主体地位，得到了很多学者和教育实践者的支持。

但是，也有学者将这一命题置于哲学、教育学、逻辑学的多学科视角的理性拷问后，发现这一看似科学的、进步的“教育公理”却存在着诸多必须祛弊归正的谬误：从哲学的视角看，承认教师的“主导”作用不能否认教师的“主体”地位；从教学认识论的角度看，“教师是主导，学生是主体”这一命题割裂了同一过程中的教与学的双边关系；从逻辑学的角度看，“教师是主导，学生是主体”这一命题严重违背了同一律的基本要求。首先，从哲学认识论的角度看。根据“主体是人”的哲学命题，教师和学生都是主体，教师是“施教”的主体，学生是“学习”的主体。教师和学生面临的共同客体是人类的间接经验，即课程内容。其次，从教学认识论的角度看。教师是已知的一方，是知识的传播者，是“教学”的主体；学生作为未知或知之甚少的一方，是受教育者，是教学的客体，同时作为知识内化、技能形成和品德发展的载体，学生又是学习的主体。教师和学生共同的教学实践对象是教学内容。最后，从事物的矛盾运动的哲学观点来看。教师、学生与教学内容是一种三维的互动关系。站在教师的角度，教师是主体，学生和教学内容是教师的劳动对象即客体(“教书育人”)；站在学生的角度，

① 王策三. 教学论稿[M]. 北京：人民教育出版社，1985.

学生是主体，学习的对象一是以书本为载体的显性课程知识，二是以教师等为载体的隐性课程知识（所谓向书本学习，向教师学习等），课程知识和教师等成为学生学习的客体；站在课程内容的角度，课程作为物化形态，无疑是教师“教”和学生“学”的共同的对象即客体。但与此同时，教师对课程内容要达到“懂”“透”“化”的程度，力争具有高超的教学水平与技艺。学生又要全面而深刻地掌握课程内容，最终达到“学会认知、学会做事、学会共同生活、学会生存”的教育要求。这一过程实际上是作为客体的课程内容在不断地被主体化的过程。[①]

三、双主体说

双主体说试图从理论上克服单一主体说的偏颇。双主体说认为在教育教学过程中教师和学生都是主体，教学的过程是师生双方共同活动的双边过程，教师与学生的关系是一个动态发展的过程，教育过程的主体不仅包括学生，也包括教师，师生双方互为主客体。

教学是教与学矛盾运动的过程，教学过程中的师生关系应该是一个动态的转换过程，不能静止、片面地看待教学过程中的师生关系，不应该将师生主客体地位绝对化。随着教学活动的变化，矛盾的主客体会随之发生变化。教的过程中，活动以“教”为主，教师是活动的主体，学生是活动的客体；学的过程中，活动以“学”为主，学生是活动的主体，教师是活动的客体。

双主体说的核心观点认为教师和学生都是教学过程的主体，师生之间的关系是“轮流主客体”。“在教学过程中，因为教师和学生都是人，所以他们之间的主客体关系是极其复杂的。① 教师作为主体，当把学生当作他的认识或改造的对象时，学生就相应地变成了客体。如教师编写教案组织教学时，都需要把学生当成客体去认识。② 学生作为主体，

① 冯文全. 对“教师是主导，学生是主体”命题的多学科视角的审视[J]. 教育研究，2007（10）：19-24.

当把教师当作他的认识对象时，教师就相应地变成了客体。”①

双主体说提出教师和学生都是教学过程的主体，突破了师生主客体地位对立的观点，对师生关系产生了很大影响。如今，在教育教学理论探讨和实践中，师生关系的主体间性为大多数人所认可，主体间性关系的提出，可以从双主体说中看到萌芽。

四、主体间性说

传统哲学中并没有“主体间性”这个概念，人与物的关系无疑确定是主客体关系，人相对于物无疑是主体，人与人的关系也同样被限于主客体关系，以传统哲学为基础的师生之间自然只能形成主客体关系。现当代哲学认为，人与人的关系，特别是教师与学生的关系是主体间性关系。

主体间性是由哲学家胡塞尔在晚年时期提出的。主体间性理论包括两方面含义：一方面指“主体间”的相互关系，即“自我”作为主体是否以及如何能认识另一主体，即“他我”，另一方面是指在各个主体之间存在着共同性或共通性。主体间性是“主体与主体之间的相互性和统一性，是两个或多个主体的内在相关性”②。主体间性理论认为，交往的各方是平等的主体，都具有主体性。交往各方虽然各自独立，但又相互影响，主体间要形成交往与交流对话与合作、认同与欣赏的关系，交往方式具有交互性、合作性、约束性。

主体间性理论深刻影响了师生关系。传统教育背景下师生之间往往形成的是“主体—客体”二元对立的关系。以教师为主体的教育，强调教师是教育过程的主导者，教学是向学生灌输知识，学生被动接受。以学生为主体的教育，重视学生自主发展，教学过程中鼓励学生自主探索、自由表现，教师对学生的活动缺少干预。教师主体说缺乏给学生提供自

① 张启航. 试论教与学的关系——再谈“教师是主导，学生是主体”[J]. 教育理论与实践，1989（5）：27-31+40.

② 尹艳秋，叶绪江. 主体间性教育对个人主体性教育的超越[J]. 教育研究，2003（2）：75-78.

由发展的机会，但是学生主体说又矫枉过正，忽视了教师在教育过程中的作用。“我们应该从根本上重新评价师生关系这个传统教育大厦的基石，特别当师生关系变成了一种统治者和被统治者的关系的时候。”主体间性教育试图超越“主体—客体”二元对立的关系，形成师生之间“主体—主体”的关系，通过教育主体间的交往，在一种和谐共存的环境中促进学生的发展。主体间性教育中，师生地位是平等的，双方是交互主体的关系，师生关系具有发展性。师生之间的主体间性关系是通过对话来实现的，师生双方在课堂内外，以语言的、非语言的各种方式互相沟通、互相理解，共同构建原有的知识结构。

在高职院校和谐师生关系的构建中，师生双方要共同努力，建立主体间性教育关系，加强师生之间的交往，进行平等对话，提高对话的有效性，达到主体的理解与共识。教师需要有意识地改变视学生为教育客体的观念，消解自己的话语霸权，注意多倾听学生的声音，将话语权真正交给学生。学生也需要突破被动听从教师的传统习惯，发挥主体性，提高自我表达、积极沟通的意识和能力。师生双方在相互尊重中相互欣赏，在相互理解中共同发展，这应该成为当代和谐师生关系追求的应然状态。

第二节　心理学视域中的师生关系

从心理学视域审视师生关系，重点在于把握师生关系的心理层面——师生心理关系。师生心理关系是指教师和学生在相互交往过程中，以彼此间的认知评价为出发点，通过情感交流而形成的心理上的联系。师生心理关系是师生关系中起决定作用的因素，是师生关系的深度、亲密度、融洽性和协调性的体现，它既是师生关系形成、发展的内驱力，也是师生关系发挥作用的“功能调节器”[①]。

---

① 郑敏，姚本先. 论师生心理关系的理想建构[J]. 扬州大学学报（高教研究版），2005（1）：83-85.

一、师生关系的心理学理论

（一）依恋理论

依恋是人类的本能，是个体与特定的其他人形成牢固的情感纽带的倾向，是人类社会化过程的体现。从心理学视角来看，依恋是一种正向的、积极的心理关系，如儿童对成人的依恋在很大程度上由二者的交往方式决定，并且儿童对成人的依恋在很大程度上影响着儿童的认知发展、社会化程度以及对同伴关系的认知与处理。师生关系和谐融洽，学生具有安全感，学生乐于主动探索，与他人积极互动，其社会适应力较强。而师生关系紧张，学生缺乏安全感，学生在人际交往中退缩，从而难以进一步获得教师和同辈群体的积极评价，社会适应性较差，也更容易出现学习困难。

高等职业教育中的教师和学生之间，除了具有普通教育正常的师生关系，还具有职业教育师生关系的特殊性。职业教育实践教学中，学生动手操作的机会很多，需要教师近距离进行指导，有时候甚至是手把手地指导，师生之间在客观上具有师徒关系的特点。这种师徒交往方式，容易让学生对教师产生依恋，有利于和谐关系的构建。

（二）动机理论

动机是对所有引起支配和维持生理和心理活动的过程的概括，是直接推动人进行活动的内部原因，是在需要的基础上产生的。马斯洛的需要层次理论提出，人的需要可分为生理需要、安全需要、归属与爱的需要、尊重的需要和自我实现的需要。另外还有两种需要，即求知需要和审美需要，这两种需要居于尊重需要与自我实现需要之间。这些需要可归为两类：自然需要和社会需要，其中社会需要是人类所特有的高级需要，是产生成就动机等社会性动机的基础。

教师对学生的期望会在无形之中影响学生动机的产生，这种期望是一种自我实现的预言。著名的罗森塔尔效应揭示的就是由教师期望引发出的学生学习动机。美国心理学家罗森塔尔和雅各布森著作《课堂中的皮格马利翁》对“教师的期待和学生的学业成绩的相关研究”的结论就是期望引发学习动机的典型案例。教师在与学生的交往中，有意无意地对学生表现出期望、鼓励的态度，学生会意识到这种期望，从而在教师关注下重新对自我进行评估，提升自我期待，激发学习动机和抱负水平，促成自我实现。相反，没有得到教师期望或者得到期望较低的学生，自我实现的成就感降低，学习动机下降，相应成绩也会下降。因此，在教育教学过程中，教师应该有意识地运用动机理论，对学生建立合理的期望，以此来促进学生的成就动机。

班杜拉提出的自我效能感理论是对动机理论的发展。自我效能感是指个体对自己是否有能力完成某行为所进行的推测与判断。自我效能感理论认为，即便人的行为没有对自己产生强化，但由于人对行为结果所能带来的功效产生期望，可能会主动进行活动。自我效能感可以决定人们对活动的选择及对活动的坚持，会影响人们在困难面前的态度，同时影响活动时的情绪。积极的师生关系会满足学生爱和自尊的需要，提高学生学习的内部动机，提高学生自我效能感，而充满冲突的师生关系会降低学生的自我效能感，降低学生成就动机。

（三）社会生态理论

社会生态理论认为，个体的心理活动一方面受自身内在因素的影响，另一方面受其所生活的环境因素影响，处于一个有机联系的复杂的系统中。“Howes（1994）等的研究表明：教师在学生同伴交往中发挥的积极作用（提供言语和肢体语言的帮助）使学前儿童更可能被他们的同伴接纳。而一年级的学生可以通过教师对不同学生的行为反馈来推断儿童的能力。教师反馈时富有情感的腔调也会影响儿童对同伴能力的推断。Birch（1997）的研究进一步表明：学生对同伴和教师关系的观点和教师自己的评定具有高度的一致性。”①

教师和学生之间的关系会影响到学生同辈群体的关系和交往行

① 王俊文. 师生关系心理学研究述评[J]. 湖北经济学院学报（人文社会科学版），2007（2）：154-155+151.

为。师生关系融洽，教师对学生持以正向积极的支持态度，学生更为被同辈群体接纳。而师生关系紧张，教师对学生关爱性低、控制性强，这种态度会潜移默化地影响到学生同辈群体对其的态度和行为。

二、师生间相互态度的研究

“态度是指人们对一定对象相对稳定、内部制约化的心理反应倾向。”[①]态度是一种特殊的心理过程，研究教师和学生的态度是心理学视域下师生关系研究的重要内容。“师生对对方角色的理解及采取的态度是影响师生关系的重要因素。”师生间的态度由认知、情感和行为三个方面的要素构成。认知表现在对态度对象的评价和判断上，师生对对方的评价是积极的、肯定的，才会形成积极的、肯定的态度。情感可以对态度对象起人际距离调整作用，如师生喜欢或不喜欢对方等。行为是对态度对象在行动上的反应，如师生对对方接近或者疏远、拥护或者反对。

教师对学生的态度在很大程度上影响着师生关系，学生受教师的评价影响很大，这种评价往往通过语言暗示、表情等反映出来。教师如果偏爱优秀学生、忽视中间学生、厌恶后进生，就会使学生与教师产生不同的距离。学生对教师的态度也会通过直接或间接的方式影响着师生关系，多项实证研究表明，“学生与教师关系好，就喜欢上这个老师的课，主动亲近老师；自认为教师瞧不起自己，就会主动疏远老师”。

学生对教师的态度有独立的评价标准，曾有学者对 47 000 名学生进行调查分析，归纳出有效能教师具有如下特征：合作民主、仁慈体谅、能忍耐、兴趣广泛、和蔼可亲、公正、有幽默感、言行稳定一致、有兴趣研究学生问题、处事有伸缩性、了解学生并给予其鼓励、精通教学技能；无效能教师有如下特征：坏脾气、无耐心、不公平偏爱、不愿意帮助学生、狭隘且对学生要求不合理、忧郁不和善、讽刺挖苦

---

① 沙莲香. 社会心理学[M]. 北京：中国人民大学出版社，2002.

学生、外表讨厌、顽固、言行霸道、骄傲自负、无幽默感。[①]

三、师生关系的心理结构

师生间的人际交往包括三种心理成分——认知成分、情感成分、行为成分。每种心理成分会形成相应的评价，共同构成师生关系的心理结构。

（一）认知

对认知成分的评价，是指教师和学生对自身、对方以及相互关系所给予的评价，重点在于对彼此的认识。师生之间客观、公正地认识并且评价对方，是形成和谐、健康师生关系的心理基础。在高职院校中，师生对彼此的认知比较复杂。教师除了要对学生的学业成绩、思想品德、学习态度进行认知评价，还需要对学生的职业知识、职业技能以及职业态度有一个客观的认识。与此相对应，学生对教师的评价也不局限于专业知识、专业能力和教学态度，对教师的知识更新程度、职业技能、实践操作能力等方面会更加重视。目前，高职院校师生互相的认知评价都存在一些问题。教师往往还是主要以课程学习对学生进行评价，认为学生是高考的“失败者”，学习方面都是“差生”；教师忽视对学生职业能力的考核,缺乏对高职学生有针对性的客观评价。学生则普遍认为高职教师“纸上谈兵”,不符合社会实际工作岗位需要，职业技能较差，难以指导实践教学。师生对彼此的认知有一部分是客观公正的，但也有一部分存在偏差，这会对和谐师生关系的建立产生消极影响。

高职教师应该树立正确的学生观，充分认识到职业教育是一种教育类型，而非教育层次，高职学生具备自己的特点。根据加德纳的多元智能理论，学生拥有多种智能，不同的学生其智能分布和组合不同，这种差异性是一种宝贵的教育资源。教师不该用一种狭隘的智能观来

① 全国十二所重点师范大学联合编写. 教育学基础[M]. 北京：教育科学出版社. 2002.

评价学生，将学生能力局限于语言和数理逻辑能力，应该全面客观地认识学生，重新定位自己的教学观，为学生发挥自己的能力铺路搭桥。与此同时，教师也应该加强自身知识更新和提高职业技能，具备“双师型”教师所要求的素质，能够真正在实践教学方面指导学生。

（二）情感

情感是对客观事物是否符合人的需要、愿望及观点而产生的体验，是人对客观事物与人的需要之间关系的反映。如果师生情感交流充分，相互信赖，归属与爱的需要、尊重的需要可以得到满足，师生双方都会从交往中获得正向积极的心理感受。在师生之间情感关系发展的不同阶段，情感关系所达到的水平是不同的，而正是师生情感的这种“张力”，通过在日常交往、教育教学情境中的沟通、交流、倾心相谈等实现师生情感的发展。所以，只有创设良好的条件，充分调动一切因素，才能有助于实现师生情感关系在“张力”的矛盾过程中的和谐，实现师生心理在情感上的共鸣、相融。从教师的视角而言，教师公正公平地对待每位学生，都把他们视为独特的、具有无限潜能的人，同时要主动地和学生交流、沟通，缩短心理距离。从学生的视角而言，学生要尊重教师、爱戴教师，同时也要学会主动和教师沟通、交流，拉近师生的情感距离。总而言之，师生良好情感关系的建立需要双方共同的努力，才能实现师生心理相融。

（三）行为

心理关系最终是通过外化的行为来表现。师生间的交往分为正式交往和非正式交往。教师和学生需要积极通过课堂教学和实践教学进行正式交往，尤其是实践教学需要教师进行示范、指导，使交往行动更加充分。但仅靠正式交往来建立理想的师生心理关系还远远不够。在教学活动之外进行的非正式交往，尤其是高职院校教师对学生的言传身教、示范性交往等亦具有举足轻重的作用。教师要对学生的生活多加留意，关心学生在人际交往、就业等方面的困惑，与学生进行主动、充分的交流，有利于形成亦师亦友的关系。

师生关系是“人—人”的关系，是师生互相对话、包容和共享的互动关系。虽然师生间由于社会角色的不同存在着一定的心理位差，其心理互动在某种程度上也不可避免地具有规定性和“控制—服从”的特征，但就其本质而言，师生间的心理互动是师生双方发生的一切相互作用和影响，是一个包括发生在多种情景中的，具有多种形式、多种内容的综合互动关系系统。对师生关系进行心理学思考的积极意义在于,不仅使我们在教育活动中能兼顾多个角度审视师生关系问题，而且也能使我们在教育活动中以此为基点，更新教育观念，发挥师生间心理互动的教育作用，置师生于充满情感氛围的教育背景之下，教学相长。

第三节　社会学视域中的师生关系

从社会学的角度看，师生关系是社会关系的一种。将师生关系作为一种社会关系来分析，结合师生关系本身固有的教育特点，可以从理论上区分出三种形态的关系，即“社会—人”关系、“社会—社会”关系、“人—人”关系。这三种关系共同构成了师生关系的社会学属性。而实践中，社会学视角下师生关系的话语表达也经历了一个从“支配—从属”到“民主平等”的演变过程。

一、师生关系的社会学属性

将师生关系作为一种社会关系来分析，结合师生关系本身固有的教育特点，可以从理论上区分出三种形态的关系，即“社会—人”关系、“社会—社会”关系、“人—人”关系。这三种关系共同构成了师生关系的社会学属性。当然我们必须也要认识到，这三种关系事实上是不可分割地交织在一起，共同内化于师生的教育教学活动中的。将它们进行区分，仅仅是为了研究的需要。

（一）“社会—人”关系

师生关系表现为社会—人的关系，是由教育的社会职能和教师的社会角色共同规定的。从教育目的来看，教育是促进个体社会化的重要手段。这是教育的基本职能，也是社会对教育的期望与要求。教育正是通过将社会道德习俗、社会知识与理念、社会的价值观念体系等有选择、有组织地传递给学生，从而帮助学生逐渐社会化，成为社会中的人。而教师无疑是实现学生个体社会化的最重要执行者，教育社会职能的实现在很大程度上依赖于教师的社会角色的承担。因此，在师生关系中，教师被赋予了社会代言人的角色与要求。这种社会代言，至少有两重含义：一是社会知识的代言人，一是社会道德的代言人。在法国社会学家涂尔干看来，教师类似于传教士，是他所处时代和国家的重要道德观念的解释者。不管教师自身的价值观、思想认识和社会如何冲突矛盾，他都不能用传授他个人的价值观念和信仰来扰乱社会。“教师是一个伟大的人格，即社会的代言人。”①从这个意义上来说，教师的这种社会角色使他在师生关系中不是那种个体意义上的“人”，而是“社会”。师生关系体现为一种社会与作为培养对象的人的关系。

（二）“社会—社会”关系

教师的社会角色使他在师生关系中率先体现出社会的形象与要求，学生是社会化的对象和目标。但学生作为具有能动性的人，并不完全是社会化目标单向的承受者。教育是个体社会化的过程，同时也是社会个性化的过程。社会是由很多个体组成的，个体的个性共同组成了社会的丰富性，彰显了社会的存在意义。对于个体而言，他的个性化同样是社会化的体现。学生作为发展中的、具有主观能动意识的人，一方面受到社会化的熏陶，另一方面也以自己的个性来内化社会

---

① 埃米尔·涂尔干．教育及其性质与作用[J]．张人杰，译．外国教育资料，1987（6）：1-12.

要求，从而彰显社会化。学生既是现在社会培养的对象，也是未来社会的建设者与创造者。教师对学生提出的发展要求体现的是今日社会对明日社会的期望。埃德蒙·金说："一切教育制度的前景就是为不确定性做准备。""因为教育就其本质来说，就是为了塑造未来或为未来做准备。"杜威也指出："社会通过学校机构，把自己所成就的一切交给它的未来的成员去安排。社会所实现的关于它自身的一切美好的想法，就这样希望通过各种新的可能途径开辟给自己的未来。"因而，教师与学生，不仅仅是社会代言人在面对具有可塑性个体的"社会—人"关系，也是一种"社会—社会"关系，是今日社会与未来社会、现实社会和明日社会关系的具体化。

（三）"人—人"关系

任何社会关系最终都会体现为人的关系。没有人，关系也就不复存在。故此，社会关系中最传统也最根本的就是"人—人"关系，是人的活动展开和生成的各种各样的社会关系。师生关系同样如此，也从根本上表现为社会关系意义上的"人—人"关系。"人—人"关系是师生关系的基本表现形式，构成教育的主要因素是人，不管教育方针、目标、课程施加于教育过程的影响多么强大，教育的功能实现最终依靠的是师生间建立起来的稳定的"人—人"关系。抛开师生间具体的"人—人"关系的考察，留在我们视野里的只有法令、计划、制度之类一堆毫无变通性和生命力的死的东西。[①]教育活动的展开通过师生的互动来实现，包含教师与学生群体的互动，更包含着教师与学生个体之间的互动，这种互动涉及知识的传输和情感的传递。从社会学的角度来看，教师与学生各自的社会职能有所不同。但这种规定只是宽泛地对师生角色进行描述，在具体的社会活动中，师生关系必然受教师与学生作为个体的知识、能力、情感、态度、价值观等方面的相互影响，这种相互影响使得教育这种社会活动不

---

① 刘洪彬，杨玉宝，于伟．师生关系的社会学分析[J]．现代中小学教育，1992（4）：15-18.

再那么“冰冷”，而真正具有了生气与活力。当然，从另一角度来看，这种“人—人”社会关系的存在，也恰恰可能在教育活动中形成权威和压制，造成教育活动中对学生的忽视，这些是传统师生关系塑造过程中备受诟病的地方，也恰恰是社会学所关注与研究的问题所在。

二、传统师生关系的社会学解构

沃勒 1932 年在《教学社会学》一书中最早提及师生关系，他认为师生之间就是一种制度化的“支配—从属”关系，师生之间存在着根本性的对立，存在着社会距离之差，是一种强制与被强制、领导与被领导、统治与被统治、支配与从属的不平等关系。在社会学视野下，“支配—从属”状态下传统师生关系不仅与社会主流人际关系相关，而且与社会结构、社会地位息息相关。

（一）作为传统道德的“尊师重道”

中国社会一直有尊师重道的传统。尊师重道有其合理的地方，但也建立起了明显的等级关系，讲究高低、上下、尊卑，学生对教师产生一种“油然而生”的尊敬感和敬畏感，教师在教育中的权威地位不可撼动。在这种传统师生关系中，知识往往被认为是聪慧者赐予愚昧者的“施舍”，学生往往被看作是被动接受知识并亟待调整、改造的“对象客体”，教师要求学生遵循各种礼仪规范与规章条例，学生成为被“规训”的对象。正是这种“尊师重道”的等级化社会主流人际关系，让传统的师生关系呈现“支配—服从”的状态，从而具有重师轻生的不平等特征。

（二）科层制的社会结构：制度性矛盾

学校是有目的、有计划、有组织地进行系统、全面、科学的教育教学活动的规范性组织机构，承担着传授知识、承袭美德、培养人才的重要责任，更承担着引领发展、科学研究、服务大众的社会责任。作为国家事业组织机构，学校一般采用泰勒的职能组织结构或韦伯的科层制组织结构。无论职能组织结构或是科层制组织结构，二者都依据工厂的实际情况，以提高工厂的运作效率为目标，强调明确、严格的等级职称，主张明晰、规范的权责分配体制，实施标准化、督查化的管理制度。但是学校作为具有学习性、育人性的公益性组织，始终追求的是社会效益而不是经济效益，关注的是学生的生活学习健康状态而不是生产效率最大化。学校的组织目标和原则存在着偏离。

（三）结构性的社会地位：权威与顺从

教师与学生往往代表着社会中的不同等级，具体表现为强制与被强制、统治与被统治、领导与被领导、支配与从属的社会对立地位。在学校中，学生心智未完全成熟，而教师拥有年龄、学历、经验、知识、技能上的优势，在师生关系中占据主导。一方面，教师在教育教学活动处于支配、主导地位。另一方面，学生处于从属和被支配地位，但他们不断追求自由、独立、平等，与教师所代表的权威相矛盾，学生希望在冲突与矛盾中获得自己的地位与空间。"不经意之间，师生成为相互矛盾且对立的社会关系，'支配—从属'状态下的师生交往出现了疏远化和抽象化的趋势。"①

三、现代师生关系的社会学重构

在社会转型的大背景下，传统的"支配—从属"状态下的师生关系显然不合时宜，而社会关系变化、社会组织发展、社会互动增加，必然会促使师生关系转型为"和谐—共生"的现代状态。"和谐—共生"状态下现代师生关系是指以和谐的人际关系为背景，在和谐的班级组织形态中进行和谐的师生互动，最终达到师生之间共生、共存、平等、和谐的状态。

---

① 涂艳国. 教师权威与学生自由[J]. 教育理论与实践，1999（7）：30-32.

（一）社会关系变化：建立和谐—共生的师生关系

从传统社会进入现代社会，社会分工逐步独立化与专门化，社会功能的分化、社会关系的分化、社会实体性因素的分化加速了整个社会的转型与变革。与科技建设、工业生产、市场经济、互联网快速发展相适应的，是强调平等、和谐的社会关系。现代社会倡导和谐社会、和谐社区、和谐校园、和谐班级的建设，讲求社会成员之间的民主平等、开放包容、合作共赢，而“和谐—共生”便成为人际关系的主旋律。在主旋律引导下的师生关系发生根本性改变，师生通过对话机制的建构，通过课堂内外的良好合作，通过课上课下的活动安排，使得学生主体性地位得到提高，“和谐—共生”的师生关系在校园内生根发芽，茁壮成长，成为校园中的核心关系。不可否认教师与学生的冲突是普遍存在的，但这些不和谐、非共同体的因素改变不了社会整体发展趋势，阻碍不了“和谐—共生”在现代社会人际关系中的决定性地位，更阻碍不了“和谐—共生”状态的现代师生关系的发展。

（二）社会组织发展：形成和谐—共生的班级组织

我国社会组织的形成与发展过程与中国特色社会主义背景下的政治、经济、文化建设以及社会的发展密切相关，对整个社会的建立健全具有联动作用。因此，提高社会组织的自身能力建设和创新能力建设，适应和谐社会的发展需求，已成为我国社会组织发展的新常态。在社会组织发展过程中，社会组织从原先对政府的依赖性强、服从性强，发展到自主性强、独立性强、开放性强的状态，社会主体结构逐步由统一化走向多元化。在社会组织发展背景下，教师与学生在“和谐—共生”的班级组织中获得自由、独立、平等，班级组织重新焕发新的活力与光彩，师生在班级中相互促进、相互合作，实现共同进步、共同发展。

（三）社会互动增加：构建和谐—共生的师生互动

“师生交往实质上是一种社会性交往，双方的互动是相互作用的社会性过程。”[①]互联网技术的快速发展、全球化格局的深化，带给人们最直观的感受就是人与人之间的距离在缩小，人与人的互动在增加，多种沟通途径、多种互动方式，轻松便捷，安全有效。同时，技术的发展也拉近了师生之间交往互动的距离，实现了师生双方平等、独立、自主、自由的对话。对话是教师与学生之间直接接触的自由行为，诠释着师生之间的信任、关爱与谦逊，并伴随着行动与反思的互动过程。在融洽和谐的氛围中，教师注重与学生的沟通，从而更好地促进“和谐—共生”的师生互动。教师的职责应该侧重于激励学生思考，其角色更应该是顾问，交换意见的参加者，引出论点的智者。教师必须花费更多时间实施有效且富有创造性的活动，帮助教师与学生更好地讨论、交流、了解。总之，师生关系的发展要基于社会大背景，以现实为依据进行考量，随着社会发展与进步，传统的以保守为主要特征的师生关系面临诘难[②]，适应社会发展需求的新型师生关系，即“和谐—共生”的师生关系将成为应然状态。

第四节　法学视域中的师生关系

每一法律关系都包含了法律关系主体，法律关系内容，法律关系客体这样三个要素。法律关系的主体即法律关系的参加者；法律关系的内容即法律关系主体所享有的权利和必须履行的义务；法律关系客体即法律关系主体权利义务指向的对象。在师生间的法律关系中，法律关系主体无疑是教师和学生，法律关系的内容是教师和学生的权利、义务，法律关系的客体是教师和学生权利义务指向的对象，即行为、物、精神财富等。在分析师生法律关系时，必须明确的是：教师和学生都是具有二重性身份的人。一方面，教师和学生都享有宪法、法律

① 汪春翔. 和谐社会视域下社会组织建设研究[D]. 南昌：江西师范大学，2013.

② 娄立志. 社会转型与教育代价[M]. 北京：中国社会科学出版社，2012：235.

规定的公民所享有的权利，都必须履行公民应尽的义务。另一方面，教师和学生既享有教育法所规定的特有权利，又必须履行教育法所规定的特定义务。

一、师生法律关系的性质

师生法律关系具有多重性，不同法律对处于不同身份地位的师生之间的关系进行规范，师生法律关系因此需要从全方位来解读。

（一）师生宪法法律关系

宪法是国家的根本法，具有最高的法律效力。师生法律关系的最高层次、最基本性质是由宪法规定的。《中华人民共和国宪法》（以下简称《宪法》）第三十三条规定：中华人民共和国公民在法律面前一律平等。任何公民享有宪法和法律规定的权利，同时必须履行宪法和法律规定的义务。教师和学生都是中华人民共和国的平等公民，拥有一律平等的公民权，平等享有公民权利，同时履行公民义务。教师和学生应该尊重对方作为公民的基本权利，教师和学生都不得以任何理由侵犯对方享有的宪法赋予的权利，也不得妨碍对方履行宪法规定的义务。《宪法》第四十六条规定：中华人民共和国公民有受教育的权利和义务。由此可知，接受教育是宪法赋予公民的一项基本权利，同时，接受教育也是公民应该履行的一项基本义务。

（二）师生民事法律关系

从《中华人民共和国民法典》规定的主体来看，师生双方属于平等的民事主体，平等享有各项民事权利，同时必须履行民法规定的各项民事义务。师生双方不得侵犯对方的财产所有权、人身权、知识产权、财产继承权等民事权利。师生双方如果侵犯到对方的民事权利，必须依法承担民事法律责任。

（三）师生刑事法律关系

刑法是规定刑罚、犯罪、刑事责任的法律，是掌握政权的统治阶级为了维护本阶级政治上的统治和各阶级经济上的利益，根据自己的意志，规定哪些行为是犯罪并且应当负何种刑事责任，并给予犯罪嫌疑人何种刑事处罚的法律规范的总称。依据《中华人民共和国刑法》规定，如果教师和学生之间发生了刑事犯罪行为，师生就产生了刑事法律关系。

（四）师生教育法律关系

师生法律关系中，最重要的关系是教育法律关系。《中华人民共和国教育法》（以下简称《教育法》）是依据《宪法》的指导思想和立法依据，对《宪法》中有关教育内容的具体化。《教育法》第九条规定：中华人民共和国公民有受教育的权利和义务。公民不分民族、种族、性别、职业、财产状况、宗教信仰等，依法享有平等的受教育机会。

（五）师生行政法律关系

师生行政法律关系指的是师生之间具有特殊的行政管理性，行政法律关系表现出主体的不对等性。一般来说，学校不属于行政机关，不行使行政管理职权，也没有行政处罚权，不具备行政管理主体的属性。但教育管理实践中，为了方便管理，《教育法》《中华人民共和国高等教育法》（以下简称《高等教育法》）、《中华人民共和国教师法》（以下简称《教师法》）等明确将行政机关的部分教育行政管理权授予学校，尤其是高等院校，使原本属于事业单位的学校具备了部分行政管理职权，从而使师生之间现实地存在着管理与被管理的关系，主要体现在学校和教师对学生具有管理权利，集中于纪律处分、学籍管理、颁发学业证书等方面。

二、师生的法律地位

教师和学生既具有中国公民的一般身份，又具有法律所规定的特殊的法律地位。

（一）教师的法律地位

教师的法律地位是指由法律所确认的教师的社会地位。《教师法》第三条规定，“教师是履行教育教学职责的专业人员，承担教书育人，培养社会主义事业建设者和接班人、提高民族素质的使命”。这一规定从法律高度确认了教师属于专业人员，教师职业具有专业性，教师的主要任务是教育教学。

（二）学生的法律地位

“学生的法律地位因其不同的法律身份而具有不同的内容和特点。”首先，学生是社会的普通成员，其最基本的身份是国家公民，其法律地位由《宪法》、民法及其他法律、法规所规定。其次，学生作为学校组织中的成员，除了具有普通公民的法律地位，还具有《教育法》《高等教育法》等相关教育法律所规定的法律地位，即“受教育者”。

三、师生的权利与义务

（一）教师的权利和义务

教师在教育法律体系中拥有的权利和义务，是教师作为法律规定的教育者所享有的职业方面的权利和应该履行的职业方面的义务，是基于教育教学活动产生的，并非教师作为普通公民所享有的权利和义务。教师在教育法律体系中拥有的权利和义务在《教师法》中有明确规定。依照《教师法》第二章规定，教师享有下列权利：进行教育教学活动，开展教育教学改革和实验；从事科学研究、学术交流，参加专业的学术团体，在学术活动中充分发表意见；指导学生的学习和发展，评定学生的品行和学业成绩；按时获取工资报酬，享受国家规定的福利待遇以及寒暑假期的带薪休假；对学校教育教学、管理工作和教育行政部门的工作提出意见和建议，通过教职工代表大会或者其他形式，参与学校的民主管理；参加进修或者其他方式的培训。同时，教师应当履行下列义务：遵守宪法、法律和职业道德，为人师表；贯彻国家的教育方针，遵守规章制度，执行学校的教学计划，履行教师聘约，完成教育教学工作任务；对学生进行宪法所确定的基本原则的教育和爱国主义、民族团结的教育，法制教育以及思想品德、文化、科学技术教育，组织、带领学生开展有益的社会活动；关心、爱护全体学生，尊重学生人格，促进学生在品德、智力、体质等方面全面发展；制止有害于学生的行为或者其他侵犯学生合法权益的行为，批评和抵制有害于学生健康成长的现象；不断提高思想政治觉悟和教育教学业务水平。

（二）学生的权利和义务

学生在教育法律体系中拥有的权利和义务，主要是从学生作为教育组织中的受教育者这一身份出发所享有的权利和应该履行的义务，并非学生作为普通公民所享有的权利和义务。学生在教育法律体系中拥有的权利和义务在《教育法》中有明确规定。依照《教育法》的规定，受教育者享有下列权利：参加教育教学计划安排的各种活动，使用教育教学设施、设备、图书资料；按照国家有关规定获得奖学金、贷学金、助学金；在学业成绩和品行上获得公正评价，完成规定的学业后获得相应的学业证书、学位证书；对学校给予的处分不服向有关部门提出申诉，对学校、教师侵犯其人身权、财产权等合法权益，提出申诉或者依法提起诉讼；法律、法规规定的其他权利。同时，受教育者应当履行下列义务：遵守法律、法规；遵守学生行为规范，尊敬师长，养成良好的思想品德和行为习惯；努力学习，完成规定的学习任务；遵守所在学校或者其他教育机构的管理制度。

（三）师生权利和义务之间的关系

师生权利和义务的统一性体现在：教师和学生依法享有权利，同时也必须依法履行义务。有些内容，对教师和学生自身而言，既是权利，也是义务。对教师而言，进行教育教学活动，既是教师的权利，也是教师的义务；指导、促进学生的发展，既是教师的权利，也是教师的义务；参加进修培训，提高教育教学业务水平，既是教师的权利，也是教师的义务。对学生而言，参加教育教学活动，完成学习任务，既是学生的权利，也是学生的义务。

师生权利和义务的相对性体现在：教师和学生自身所享有的某些权利，于对方而言则是义务，自身所应该履行的义务，于对方而言则是权利。教师享有管理学生的权利，这对于学生而言，则表现为遵守学校管理制度的义务；学生享有在学业成绩和品行上获得公正评价的权利，这对于教师而言，则表现为给予学生公正评价的义务；学生有遵守行为规范、尊敬师长的义务，这对于教师而言，表现为教师享有受到学生尊重的权利。

四、法学视野下和谐师生关系的构建

法治在调整社会关系方面发挥着重要的作用，它将实现社会正义作为基本的价值追求，并且借助对各项法律措施的实施，能够平衡相关社会利益关系，对社会各项资源加以整合，进而实现维护社会秩序，建设和谐社会的重要目标。在法治社会背景下，高职院校从法治视角构建和谐的师生关系，实质上就是师生双方借助社会化法律知识习得逐步形成法的意志，并且师生双方在相互交往的过程中，能够借助相关法律条文和法的意志对自身交往行为加以规范，在维护自身权益的同时尊重他人的合法权益，最终实现师生双方的和谐相处。

（一）和谐师生关系的构建应注意三个原则

1. 从法律角度保证师生双方的平等地位

在高职院校中，无论是教师还是学生，他们都是平等的中国公民，平等地享有中国公民的相关权利和义务，教师在与学生进行沟通和交流的过程中应该尊重学生的公民资格，不得侵犯学生所享有的宪法赋予的权利，也不能够妨碍学生对宪法要求义务的履行。反之，学生对教师也是如此，应该尊重教师作为公民的资格和地位。基于此，在构建师生双方和谐关系的过程中，教师对自身教育者的身份形成正确的认识，在严格遵守现行法律法规的基础上明确自身为人师表的责任，在教育实践中关心和爱护学生，注意维护学生的合法权益，在向学生传授相关知识的同时也保证学生全面发展，尊重学生的人格尊严；而学生在参与教学活动的过程中应尽量尊重教师，与教师进行合理沟通和交流，表达自身看法，进而真正与教师建立平等和谐的师生关系，为教育教学工作的优化开展提供相应的保障。

2. 追求教师和学生权利义务关系的均衡发展

基于法治思想，在教育实践中，高职院校的教师没有对学生实施强制性管理的权力，同样教师也不应当对学生承担过多的教育管理责任，学生在教学活动中不能享受过多的权利，这是推进法治教育工作应该坚持的最基本的精神。简言之，高职院校在组织开展教育活动的过程中，教师和学生在构成教育关系后分别应该做什么、应该怎样做是已经事先被法律所规定了的。从法治教育的本质层面进行分析，在法律的框架内，师生双方之间保持着自由的关系。具体而言，国家应该对教育立法加以完善，并明确限定教师和学生的权利义务关系，保证高职院校在构建和谐师生关系的过程中对师生权利义务关系的处理能够有法可依，并逐步体现出规范化和均衡化的发展趋势。同时，各级教育部门应该转变自身行政管理职能，为高职院校依法治校工作的开展提供良好的支持，引导高职院校在构建和谐师生关系的过程中维护正常的教学秩序，并在寻求法律和道德平衡的基础上合理解决教师和学生申诉案件，在尊重和维护师生双方合法权益的基础上合理处理师生纠纷问题。这样，在法治教育理念的影响和指导下，师生之间的权利和义务关系就能够逐步实现均衡化发展，可以为和谐师生关系的构建创造良好的条件，切实促进师生关系的和谐发展。

3. 教师和学生在人格上的互相尊重

在我国民法体系中，人格是法律赋予自然人依法享有民事权利或承担民事义务的资格，其具体表现为自然人的身体权、健康权、名誉权等多方面内容，从这一角度看，人格在不同心理特质的影响下能够表现出不同的自然性质，从法学思想方面进行解读，即人格的存在唤起了人对社会理性的崇拜以及对于个性的尊重，这在实质上对和谐社会关系的构建产生着极其重要的影响。师生之间的关系实质上具有互为主体的特性，即师生在人格基础层面上应该保证相互平等。而这种在人格基础上构建起来的师生关系，本身就体现出师生双方都是具有独立人格的自由个体，所以在教学活动中，当教师和学生处于统一教育环境时，基于教师和学生之间的互为主体关系，教师和学生只有互相尊重才能够保证二者之间关系的和谐。

（二）和谐师生关系的构建

1. 构建人格意义上平等的师生关系

民主平等是现代师生关系的主要标志。倘若我们不能准确理解、认识教师与学生之间“教与学”的特殊角色关系，就很难把控和实现现代师生之间的真正平等。高校师生的平等关系，既应当从法律意义上去认识，又应当在法律实践中去规范。人格平等是法律赋予我们每一个人的基本权利，它不因年龄、民族、性别、职业等的不同而不同。人格平等是现代法治社会条件下构建高校师生教学关系的基础。人格平等可以赋予高等教育富有个性感受的独立品质。作为高校教师，一定要有人格平等的现代意识和法治精神，充分尊重学生的人格。作为受教育的学生，既要增强主体意识、注重个性发展，又要充分尊重教师的人格。师生之间的交往是两个独立的生命体之间的平等互动，学生在与教师的交往中既能获得实际的价值体验，又有充满活力的个性感受，更能培育出现代社会真正的、新型的“师道尊严”。

2. 构建教学过程中民主的师生关系

随着互联网技术的发展，多媒体教学的应用，传统的课堂教学方式发生了很大的变化。教学方法逐渐由“引导探究式教学法”代替传统的“讲授法”，教学过程逐渐由“以学生为主体”取代传统的“以教师为中心”。教师作为有教育身份和教育资格的人，不仅是知识的传播者，而更是学生拓展式、开放式学习的引路人，帮助学生去汲取、组织和管理知识，引导他们发现自我和塑造自我。在教学过程中，教师与学生有不同的权利与义务，是民主关系，相互理解，相互信任，共同进步。民主型师生关系是以开放、平等、互助为其主要心态和行为特征的。教师热爱、关心、尊重和信任学生，既利用权威，又用自己的学识、才能和品德去教育影响学生。学生理解、尊重和仰慕教师，与教师关系融洽、互相支持、密切配合。“亲其师”才能“信其道”，师生共同营造一个宽松、愉悦、平和、民主的氛围，既可以降低师生关系紧张的程度，又使学生更好地发挥自己的聪明才智，培养生机勃勃的创新精神和实践能力。

3. 构建市场经济社会中相互信任的师生关系

高等教育不是完全公益性的事业。学生及其家长觉得自己是教育资源和教学产品的购买方，学校和代表校方的教师是知识产品和知识服务的提供方，师生双方多了一层平等主体之间的合同关系，这是市场经济对教育渗透的必然结果。遵循市场法则. 师生之间的地位是平等的、关系是信任的、目标是一致的，否则无法完成双方的合约。教师和学生形成特定的“教与学”关系后，各自有什么权利和义务已事先被相关法律法规所界定，不应过多地受到来自社会道德的反省或受到来自社会舆论的影响而改变。要想构建和谐师生关系，最为重要的一点就是应该从依法治校的视角，明确师生之间的权利义务关系，厘清师生权利义务的边界，使其得到均衡的发展，促进师生之间的相互信任。大学是非义务教育，学生和教师是教育合同的买卖双方，只有双方诚实守信、共同守约、互相帮助，才能顺利履约。

4. 构建处理矛盾或纠纷时公正的师生关系

道德层面认为，教师是管理和保护的角色，学生则是被管理和被保护的角色。世俗层面认为，教师年龄大，学生年龄小，大的要照顾小的、让着小的；而学生要听大人的话，要尊重大人，不要顶撞大人。现如今，如此种种，严重影响着人们如何正确处理师生之间的矛盾或纠纷。处理师生之间的矛盾或纠纷，应该以法律法规及规章制度为依据，要跳出传统的“道德层面”“世俗层面”的认识或观念。首先，教师应不断提升自己的素质，增强法治观念，树立新型的学生观、人才观，明确自身在教育教学中的位置和应该起到的表率作用。其次，学生也应明确自己主体地位，清楚自身职责，增强法治意识，依规依法公正处理师生之间的矛盾或纠纷。总之，师生只有以学校相关管理制度、国家法律法规等为依据，才能正确解决和处理师生之间的矛盾或纠纷，促进师生和谐关系的建立。

第三章
高职院校和谐师生关系构建的实践探索

师生关系是教育活动中最基本的关系，对教育效果及学生成长有着重要影响，它一直是教育研究的重点之一。目前对于师生关系的研究，越来越受到学者们的关注，但研究者关注更多的是基础教育领域，对于高等教育中师生关系的研究为数甚少。当前，高职教育作为高等教育的一个分支，正呈现出蓬勃发展的趋势，与此同时，高职教育中的师生关系也遇到了一些新问题，出现了不和谐的情况。如何化解矛盾、构建师生和谐，是高职院校亟待解决的问题之一，但查阅资料，相关研究却少之更少。在构建和谐社会的今天，高等职业院校作为高等院校重要组成部分，应体现社会主义大学本质特征。作为高职院校核心角色的教师和学生，其关系应该呈现出民主、平等、理解、信任、合作的内容。因此，关于如何构建高职院校和谐师生关系，并通过途径创新加以实现，是一个很有意义的实践课题。

第一节　高职院校和谐师生关系构建的目标指向

高职院校和谐师生关系是在社会发展的背景下，在教育教学领域，师生之间为适应社会发展需要建立起来的，以发展师生主动性、创造性为目的的新型师生关系。和谐师生关系的构建目标，就是发扬以人为本的思想，以促进师生主动、健全发展的现代教育教学理念为基础，在保留中华民族尊师重教、注重师德的传统美德的同时，构建民主、平等、理解、信任、合作的师生关系。

一、构建民主平等的师生关系

在教育过程中，教师的教促进学生的学，学生的学促进教师的教。教与学是相互促进的，教师和学生是相互影响、相互促进的关系。《礼记·学记》就曾指出："是故学然后知不足，教然后知困。知不足，然后能自反也；知困，然后能自强也。故曰：教学相长也。"在教育教学活动中，一方面要求教师向学生传授一定的知识技能，另一方面教师也要注意向自己的教育对象学习，使教师和学生都得到不断的发展。"弟子不必不如师，师不必贤于弟子。"尤其在今天的网络时代，教师更应以谦逊的态度对待学生，从学生中汲取营养，构建融洽的师生关系。

（一）完善师生教学民主

教学过程是师生之间发生的各种形式、性质和各种程度的相互作用和影响的过程。完善教学民主就是通过教学环节，体现教学的多样性、灵活性和应变性，强调求异、追求个性、宽容另类、鼓励创新，反对教学的单一性、专制性以及无条件的求同。传统教学中，我们过多强调的是师生关系和睦，步调一致，这种民主是以牺牲学生的主动性，压抑学生的学术观点为代价的，其结果必然是学生对老师言听计从，压抑了学生的创新思维。和谐的师生关系中，教学过程即是师生在相互理解沟通前提下"教学相长"的过程，教师尽管闻道在先，但终究不可能尽善尽美，更何况今天的信息时代，学生接收信息渠道多样化，发展中各有所长，教师就更加需要了解自己的学生，向学生学习。只有遵循这一规律，发扬教学民主，才有可能培养出超出自己水平的学生，"青出于蓝而胜于蓝"。教师要以培养高出自己的学生为荣，鼓励学生超过自己，以"吾爱吾师，吾更爱真理"的精神教育学生，为学生营造学术交流的民主气氛。

（二）完善师生管理民主

所谓管理民主指的是师生间存在着管理与接受管理、组织与自我组织的民主关系。传统教育管理模式中，教育更倾向于管理与接受管理，强调了学生对师长的绝对服从，“一日为师，终身为父”的封建观念，将师生的管理关系纳入了封建伦理之中。这种管理模式强调以父母训导的方式对学生进行家长式的管理。在构建和谐师生关系的时代背景下，完善师生的管理民主，就是改变学生一味接受管理的被动局面，通过完善和创新，充分体现学生作为一方主体的作用，充分完善民主的管理过程。作为教师不再充当单一的管理者的角色，而是要充分考虑另一方主体——学生的实际情况，实行民主化管理，将管理的主动权交予学生，体现自我管理、自我教育、自我服务特点；对出现问题的学生，不能简单地进行惩罚，而要与学生交流沟通，让其认识到自己的错误；作为学生，在民主管理的新制度下，不再被动地接受管理，而是积极地参与其中，行使民主权利，真正地成为管理民主的受益者，这既是高校适应市场竞争的外在需要，也是培养独立自主、适应市场需求的当代优秀人才的内在要求。

（三）完善师生交往民主

师生交往过程是师生之间心灵的沟通与情感的交流的过程。完善师生交往民主，教师要主动地接近学生，与学生建立一种相互平等、相互尊重、相互学习的关系。著名的教育家陶行知先生也十分强调师生接近，主张教师“要成为孩子中的一员”，主张在交往中创造一种师生民主的气氛。教师主动与学生交往，与学生建立一种民主平等的关系，不仅有利于学生的发展，而且能让教师焕发出积极进取的精神和巨大的活力。现代社会，科学技术日新月异，文化的开放性和信息渠道的多样性，使教育者和被教育者的角色划分日益模糊。高职院校师生之间的相互学习，不仅是一种理想的要求，而且是一种现实的必然。民主的师生交往过程是一种互相对话、沟通、包容和共享的过程。在民主的交往中，学生得到教师的尊重、信任、理解、鼓励和支持。学生敢于提出问题，敢于针对某一问题发表不同的见解，敢于向权威挑战。在民主的交往中，学生具有更强的交往能力，与同学与教师能进行正常的交流与沟通，能同情、尊重和关心他人，知道怎样影响别人并接受别人的影响、怎样委婉地表达自己的不同意见与看法，善于理解并接纳别人的意见，学生的创新意识得到充分的高扬，创造性得到充分的展现。

（四）实现师生人格平等

实现师生人格的平等，要求教师看到学生具有的独特价值，尊重和理解每一个正在成长中的个体，平等地对待每一位学生。教师能够根据学生不同的学习风格、智力类型、个性特点等激发学生的学习欲望，引导学生通过自主活动获取知识、完善个性、逐步成长；能为每一位学生提供表现自己的舞台，以关怀引导、支持鼓励代替操纵控制，在教育教学中让学生自主思维、活动和判断、抉择，在关键时刻给予学生一定的支持。实现师生人格的平等，要求教师淡化自己的权威，承认学生的一方主体地位，尊重学生的人格和个性，把学生看作是一个“完整”的人，给他们自由选择的权利，培养学生的主体意识、发展学生的主体性，从而真正达到教师与学生进行心灵的交流、精神的交往的目的。

（五）实现师生交流平等

教学实践和教学研究是高职教育不可缺少的环节，高职教育的过程也是师生交流的过程。一方面，师生交流的平等体现在教学实践中，就是学生的自主性增强，能够主动地在现实情景中去验证所学知识、获得经验和反思问题，在实践过程中去体验和思考。在实践过程中，师生的思维方式、行为方式更加灵活，交往方式更加平等；学习过程成为师生交往、共同发展的过程，教师的权威地位发生变化，师生拥有平等交流的权利。另一方面，师生交流的平等应体现在教学研究中，就是师生面对共同的课题，一起探讨、讨论和研究，调动和充分发挥主体性和创造性。师生学术交流应该是建立于平等基础之上的互动。在这种互动过程中，不但有师长的“传道授业”，更要有学生的积极参与，教师既要完成“传道、授业、解惑”并促使学生增长知识才干之任务，又要教会学生学习的方法和做人的道理。学生则要在接受教师的指导的同时，完成全面提高自身素质的任务。

二、构建相互理解的师生关系

“理解”是指某种具体的认知过程或者情感上的沟通。教育中的理解是处于教育情景中的教师和学生通过交流在认知、感情和行为上达成一致的过程。

（一）加强精神层面的师生理解

师生关系中精神层面的理解，指师生之间在思想、情感方面的交流与沟通的过程。师生之间精神层面的理解，发生于教育情景中，包含着接受教育的期望和进行教育的意图。同时，这种理解也应该包括教师价值观、人格精神和学生价值观，三者在教育情景中的相遇，对于学生的精神发展将产生启迪影响的内容。教师通过与学生交往，获得自我实现的满足感，认识到自己生活的价值，学生的成长是教师最大的精神快乐。学生与教师交往，可以向老师诉说自己的心理困惑，向老师请教疑难问题等，久而久之，教师和学生就会成为精神上的朋友。以精神维系的交往无形无价，师生从中得到的满足是物质交往难以取代和比拟的。更重要的是，通过精神交往、濡染，师生都能够得到更加健全的发展。

（二）加强构建过程中的师生理解

在当前高职教育中，虽然广大师生都已认同师生关系对于教育教学活动产生重大影响，但他们将师生关系看作是教育教学活动的自动产物，缺乏主动构建的意识。构建相互理解的师生关系强调教师和学生共同参与、主动构建，在构建师生关系的过程，优化师生学校生活状态，加强师生间的理解。从本质上说，深入理解本身是一个主动投入的行为，而共同参与、主动构建更是做建设性努力的过程。因此，加强构建过程中的师生理解，首先是使师生双方的积极性和主动性都能得到充分调动和发挥，在主动构建的过程中，师生之间对师生关系本身进行理解，意识到师生关系就是一种教育活动中的互动，充分意识师生关系的重要性，加入共同建设的过程中；其次是使教师和学生意识到建立良好师生关系的过程，也是建设更好学校生活的过程，为了更好的学校生活状态，教师和学生要积极投入到共同建设的过程中来；最后是使教师和学生充分意识到师生交往和师生关系本身就是教育活动，在交往过程中，潜移默化的教育更具影响力。需要指出的是，这种共同参与、主动建构的过程，不是服务于师生关系而进行的单纯人际交往的过程，而是在意识到师生关系重要性的前提下，师生从建设共同生活的角度，去约束自己的不良行为，优化自己的行为模式，促使师生主动交流、平等对话，进而达到充分理解的过程，并且随着构建过程的深入，师生之间在共同成为这种关系的构建者的同时，理解的层次也随之深化。

（三）加强师生之间的相互理解

相互理解就是师生双方通对教育活动的不断参与和投入，在消除自我误解，加深自我认知的基础上，改善师生的关系状态，师生双方消除彼此之间的误解，增进彼此之间的了解，达到相互体谅、彼此信赖、互相依存、共享知识的目的。和谐的师生关系主张师生通过换位思考达成理解。在师生交往中，当通过规范去达成理解发生困难时，就需要借助于换位思考。通过换位思考，对场景、事件、人物、身份进行置换，双方心平气和地倾听对方的话语，感受对方的经历和体验，通过角色互换最终达成理解。师生关系中的教师一方要体谅、尊重学生，以宽恕包容之心对待学生，不但给学生自尊心，给学生反思自己行为的时间和悔改的余地，而且能表现出教师的宽大胸怀，赢得学生的信任和尊敬。这种理解的核心是以加强学生自我教育、自我管理，从而达到自我认识、自我发展的目的。宽容学生，让学生在宽容的环境氛围中去学会宽恕包容别人，学会与人共处、学会做人。同时，师生关系中的学生一方也要理解教师。理解教师对学生的期望、要求以及种种有关的行为，不可对教师求全责备。

三、构建彼此信任的师生关系

信任是人际交往中一方对另一方给予自己正面且积极反馈的心理期待。良好的师生信任关系对于高职院校营造好的育人环境，推动高职院校健康发展会起到积极的作用。师生之间的信任关系，是和谐师生关系的具体体现之一。

（一）深化以爱为起点的师生信任

教育教学过程中形成的师生信任，其前提条件是师生相互间必须有爱的存在，以爱为起点。教育是一项来自内心召唤的职业，没有爱的存在，就不可能做好教育。教师对学生的爱是学生对教师的爱的前提，学生渴望在教育活动中得到教师的重视和信任，教育心理学和教育社会学研究者表明，学生是先信任和喜欢一位老师，继而才喜欢这位老师所提供的教育。以“爱”为起点的信任关系，建构了师生心灵沟通的桥梁，扩展了师生关系的张力，使师生能够相互肯定优点，容忍不足，抛弃成见。高职学生具有较为成熟的思维知识和认知能力，他们对情感的体验较为理性，较为成熟，他们着重把教师的理念、知识水平与人格魅力作为评判与取舍信任的重要途径。深化以爱为起点的师生信任，就是教师在具备高度职业责任感的前提下，无私奉献，用爱心去温暖每一名学生，身体力行，用行动做出表率，以真心换真心，用真情换真情，在师生之间建立起一种充分的信任关系。

（二）深化以情感交流为基础的师生信任

师生建立信任关系的过程是一种动态的构建过程，信任是在情感交流的基础上形成的。师生人际交往的经验表明：教师和学生在决定是否信任对方之前，先要对其以前交往中的表现进行评判。学生会对教师以往履行责任和被托付义务的情况进行“考察”,通过理性的分析，推测这次信任的可行性，如果以前的“记录”都是良好的，那么信任发生的可能性就大，反之，信任发生的可能性就小。以情感交流为基础、深化师生信任，要求教师在做好日常工作的同时，时时处处地关心学生，深入到宿舍、食堂、教室，和学生促膝谈心，以取得情感的交流；要了解学生的思想动态和心理要求，有针对性地进行教育和疏导；在学生放松对自己的要求时，适时对他们进行理想信念教育，正确地引导他们抵制不正之风；学生在日常生活中发生了矛盾，遇到困难时，像父母般地关心他们，化解矛盾、解决困难，使学生感到集体的温暖，教师的可亲。深化以情感交流为基础的师生信任，是教师通过言传身教、爱心奉献取得师生情感的交流、思想的共鸣进而达到的信任过程。

（三）深化以双向互动为方式的师生信任

师生信任是一种在互动中形成的双向信任。它不仅指师生双方相互尊重、彼此认同的一般信任气氛，也指一种能在困难和失望中表现出的具体的信任：教师对学生独特性与可发展性的信任，对学生管理自己学习、情感、社会活动能力的信任；学生对教师教育教学能力有信心，给予支持与配合的信任。这种信任在师生互动中产生，通过交互的过程传递，并影响师生关系的发展。因此，要增进师生的信任关系，需要在实践中加以检验与巩固。深化以双向互动为方式的师生信任，就是打破知识灌输的单一交往模式，构建师生之间“我—你”的互动关系。改变了传统哲学意义上“主—客”二元对立的师生关系，融合师生的视野，有效进行师生之间的对话和交流，形成“我—你”的互动关系。在“我—你”的对话中，教育不再是知识的堆积，而是心灵的碰撞与交汇；教师把学生作为整体的精神来接纳，从而感染和教育学生，使其获得精神的完整性；同时教师向学生敞开自己的精神世界，使学生在真正的教育中体验生活，建立与他人和外界的关系，认识自己的独特性。在这种互动关系中，师生双方并不把对方看作是一个对象，而看作是与“我”讨论共同话题的对话的“你”，师生关系是直接的、相互的，在这个关系中教师与学生都是作为真实的完整的人在交流、相遇，各自的情感与理性、直觉与感觉、思想与行动、经验与知识等时时展现在对方面前，参与到“我”与“你”的对话中，双方获得沟通和共享，进而形成相互的信任。这种互动的信任关系，使教师与学生真正成为教育教学活动的主体，在共同教育情境中相互影响，相互作用。师生双方在互动中形成了真正的人与人的关系，真正体现了师生合作、互助的关系，为师生信任关系的构建提供了条件。

四、构建互助合作的师生关系

互助合作的师生关系是一种师生之间彼此配合、互相协作的关系。在互助合作的关系中，教师和学生以完全平等的地位，真诚信赖的态度协同开展教学活动，学生在没有任何强制的条件下，充分发挥主动性和独立性，师生是合作伙伴，学生是学习活动的主动参与者，合作是其主要特征之一。这种合作建立在引导与探索的基础之上，是一种相互对话、相互协调与共享的关系。

（一）倡导以引导与探索为基础的师生合作

和谐师生关系中的师生合作，教师要实现角色的转换，由“知识技能的传授者”转变为“学习的促进者”。重视发扬教师引导与学生探索并重，既强调教师是“参与者”“合作者”，又强调教师要引导学生设计恰当的学习活动和形成有效的学习方式，从而对学习内容产生正确的理解和思考。“教师的职责现在已经越来越少地传授知识，而越来越多地激励思考：除了他的正式职能以外，他将越来越成为一名顾问，一位交换意见的参与者，一位帮助发现矛盾论点而不是拿出现成真理的人。他必须集中更多时间和精力去从事那些有效果的和有创造性的活动，与学生互相影响、讨论、激励、了解、鼓舞。”[①]教师要引导学生去探索。学习活动是学生个体自身的认识活动，活动的主体是学生个人，任何人不能代替学生学习，要靠学生的自我学习。在教学中，教师应树立学生是学习主体的观念，确立学生在教学中的主体地位，尊重学生主动学习的权利，提供学生主动学习的时间、空间和机会，充分发挥学生的主动性、积极性和创造性。教师要创造合作的契机，努力探索师生多样化合作形式，积极寻求师生双方积极性、创造性共同发挥的最佳途径。师生合作得越好，学生的积极探索性行为越多，越有利于培养学生的创新素质。

（二）倡导以对话为媒介的师生合作

和谐师生关系中的合作，是师生为了共同的目的，在互相协商、支持的过程中所形成的“我—你”的关系。师生合作的对话，不仅仅是指师生双方互动的语言交谈，而且是指师生双方各自向对方的精神敞开和彼此接纳。对话合作的师生关系是一种包容和共享的互动关系，是一种平行的而非垂直的关系。在这种关系中，教师和学生双方以开放的态度，共同探索知识，追求真理，彼此吸引、参与，不断地激发着对方的想象、思考和探索。在这种关系中，师生之间的交流不仅是知识的交流传递过程，更是情感交融、理智碰撞的过程，在相互交流和碰撞中，彼此能够体验到成功和进步以及自身的价值。苏霍姆林斯基说：“我们所当经常关心的是：当学生跨进校门以后，不要把他的思维套进黑板和识字课本的框框里，不要让教室的四堵墙把他跟气象万千的世界隔绝开来。”[②]加强师生之间的对话合作，引导学生与气象万千的世界广泛交流，学生的主动性和积极性才能得到充分发挥。教育所要培养的是生动活泼、主动发展的个体，具有主人翁精神和创新开

---

① 蔡志良. 从“独白”到“对话”：思想政治理论课教学改革的价值取向[J]. 思想·理论·教育，2004（12）：66-69.

② 苏霍姆林斯基. 给教师的建议[M]. 杜殿坤，编译. 教育科学出版社，1984，167-168.

拓精神的全面发展的人，这意味着以对话为媒介构建和谐师生关系有着十分重要的意义。

（三）倡导以协作与共享为目的的师生合作

和谐师生关系所体现出的师生合作，教师不再强制学生接受，而是师生共同参与问题的解决，双方积极合作，成为攻克知识堡垒的合作者。学生在教师的组织和引导下，师生共同建立起学习群体并成为其中的一员，在这样的群体中，他们共同批判地考察各种理论、观点、信仰和假说，进行协作、辩论，摆出各自的看法、论据及有关材料，并对别人的观点进行分析和评论，在相互协作中，培养学生的创新能力、合作精神及责任意识，形成一种既合作又共享的关系。和谐的师生合作关系，要改变直接把结论告诉学生的做法。教师要十分熟悉他所教的学科，并将相关的知识内化到自己的经验和人格之中，精心设计一些问题，组织学生进行讨论，鼓励他们积极思考，并耐心地聆听他人发言，思考其合理性和局限性，最终形成自己的观点。和谐的师生合作关系，每个参与者都有自己的经验世界，从而对某种问题形成不同的假设和推论，在师生、生生的合作互动中，理清思路并表达自己的见解，学会接纳、赞赏、争辩、反思和批判，师生协作，共享成果。在这种共享关系中，既是文化的共享，即教师把知识、思想、智慧、经验等文化成果提供而不是传授给学生，师生双方通过协作获得新知共同提高；又是责任的共享，即师生共同承担教学任务，共同为教学成败负责；更是一种精神的共享，即师生互相传递、理解和感受同一种精神体验。

第二节　高职院校和谐师生关系构建的路径选择

为确保高职院校和谐师生关系的现实构建，以和谐师生关系的构建目标为方向，以高职院校师生关系的特点为依据，学校、教师、学生和社会四位一体的实施途径，是高职院校构建和谐师生关系的不二选择。

一、学校层面

和谐师生关系的建立，固然有教师和学生相互配合、相互协调的责任，但是作为学校，也必须与时俱进、改革创新。高等职业院校应结合自身特点，以提升职业院校服务能力为宗旨，通过构建行动导向的教学模式，有针对性地开展各种活动，比如大学生心理健康教育，建设学习型校园等，以此来促进师生关系的和谐发展。

（一）提升职业院校的服务能力

当前，随着职业教育的发展，高职院校的服务能力也越来越重要，服务能力离不开统筹管理。要构建和谐师生关系，就必须改变现有的管理模式，从之前的学校对教师和学生的绝对控制模式逐步向对二者服务的管理模式转变。学校不应过分注重对教师教学形式的规定及对学生学习和生活的要求，现在大多数的高职院校注重管理，但是更多的是将管理简单化、形式化，没有或者很少能树立服务师生的理念，这也是不利于师生和谐关系建立的重要根源。高职院校必须树立服务意识，要建立“全员育人、全方位育人、全过程育人”的全新教育体系，用新型的管理教育体系解决教学和管理中存在的问题。依托学校的管理制度，发展新型的服务链条，摆脱传统的管理模式，重视和发掘学生的个性发展，结合学校的培养体系、学生的个人需求，培养出适应学校发展、社会需求的高素质技能型人才。并且，学校还应加强对教师的培训理论指导，让教师在管理过程中采用以引导为主的方法处理学生之间甚至师生之间的矛盾，注重培养学生的自我管理和自我服务能力，让每个学生自觉并愿意参与到学校的制度管理中。教师在管理的过程中，要注重培养学生自主思考问题和解决问题的能力，通过培训和交流等方式,逐步从行为管理的阶段过渡到精神层面的管理。和谐师生关系的建立是一项系统工程，在评价体系上，应该把学生对学校的满意度作为重要评价指标，平时多注重学生的自主参与能力和教师的自我评价，将学生的要求和呼声以及教师的工作反思作为管理工作改进的原动力。

（二）构建行动导向的教学模式

培养学生积极参与就业、创新创业意识和为此所应具备的职业能力是高职院校和谐师生关系构建的总枢纽，而这种职业能力则需要通过构建以行动为导向的教学模式来实现。首先，学校要针对当今社会对学生所学专业方向的人才需求，依托与之关联的课程专家和教学专家，探索适应社会发展和与当前职业需求相关的人才培养方案。其次，要更新教学模式，寻求以“教、学、做”为主线的教学模式，在教学上采用项目导向、任务驱动、案例教学等方法，积极促使教师和学生在课堂上进行互动，提升教师的教学热情和学生的学习兴趣。学生的最终目标是就业或者创业，这就要求学校要不断进行教学的改革，不断探索在各方面与现实社会实现接轨，同时要在课程评价体系上进行改革创新，形成最有利于学生发展的新的教学评价体系，以此提高学生的就业和创业能力。

（三）开展心理健康教育

目前我国在大学生刚入校时，都会对学生进行心理测试。通过走访了解，测试结果中有相当一部分大学生都不同程度地存在心理障碍，甚至有身心发展不健全的现象，而和谐师生关系的建立对于大学生的心理健康具有很重要的意义。高职院校的学生大多经历过高考的失败，加之在之前的教育阶段受到来自教师、同学和家庭的多重压力，使得他们在心理上受到过一定的影响或者打击，也使他们的自信遭到重创。高职院校应该从学生自身的实际出发，要求教师在学校里要主动拉近与学生的情感距离，积极引导学生学会自我认知、自我接纳和自我重建，让学生们明白自己固然有缺点，但是身上也有很多的优点，让他们重新对学习产生兴趣，积极走入课堂。大学生的心理健康教育，应该是全员参与的，包括所有的从事一线教学工作的教师。学校应定期对教师进行有关心理健康知识方面的系统的培训，而教师也应该让学生在学习的同时敞开心扉，让学生能在遇到困难时主动寻求教师的帮助。教师对于学生取得的进步，应不断给予鼓励，尤其对有厌学情绪和成绩差的学生，要格外关注并主动接近。学校在这方面也应该多出台一些政策，比如充分发挥学校心理咨询的作用，指导学生减轻内心矛盾和冲突，排解心中忧难，开发身心潜能；把心理健康教育直接渗透在教师的教学工程当中；开设心理教育必修课，增强学生自我教育能力；加强校园文化建设，为大学生健康成长创造良好的心理社会环境。

（四）建设学习型校园

在某高职院校的校园中，基本上看不到有学生在图书馆学习，图书馆基本上也就成了摆设，学生在上自习的时候也就是完成任务，很多同学都在玩手机或者看小说等。建设学习型校园的内涵就是将高职院校建立成为一所全员学习的学校，在这里，老师和学生一起学习，不仅从书本上学习，还要互相学习，其基本理念就是通过学习来实现知识的共享，使知识与理念得到传承。传统的高职教育模式是，学生在教师的教育要求下进行学习，自觉性和主动性都受到了压制，模仿成为主要手段，老师也是根据课程的安排进行教学，教案几乎每年都是一样的，没有创造性，更没有形成互相学习的气氛。而如今，在经济发展方式由规模扩张型向内涵发展型转变以及以建设创新型国家作为核心发展战略的大背景下，传统教育模式的弊端也被暴露了出来，所以更多的要求高职院校要注重人才的培养，学习型校园便被推上了历史舞台，在这种模式下，学生是要参与到整个教学过程中的，和教师一起完成包括制定教学目标、设计教学内容在内的各种教学任务，在这个过程中，学生与教师一起学习，完成学业学习的同时，学生的“三观”也得到了塑造，并且教师在此过程中也可以从学生身上学到很多创新的思想，从而对教师自身的发展也起到促进作用，进一步提高了学校的教学质量和办学规格。

二、教师层面

高职院校的教师应该转变教育理念，树立平等互助的师生观。在教育过程中，教师应做到以人为本，多关注学生，尊重学生的人格。在教学上，教师应尽量采用启发式、探讨式的教学方法，尊重学生的想法。在日常生活中，教师要以平等的态度、商量的口吻与学生谈话谈心、互相协商，尊重学生的思想。在工作中也应处处体现民主、平等的观念，这样一来，不仅有利于和谐师生关系的建立，还有利于学校培养目标的实现。

（一）提高职业道德素质，树立平等观念

1. 教师要增强“爱岗敬业”的意识

作为一名教师，既然选择了人民教育事业，就要对自己的事业负责，对自己的选择无怨无悔，不计较功名利禄，积极进取，不断开拓，不断创新，无私奉献，尽自己所能干好自己的本职工作，完成每一项教学任务。教师必须提高自身的职业道德素质，有坚定的职业信念和为国家培养优秀人才的事业心,要有为人民教育事业奉献的执着精神，热爱自己的岗位，热爱自己的职业，不求最好，只求更好，不断地挑战自己，超越自己。

2. 教师要培养自己崇高的人格

“言传身教”是教师教书育人的方式，但身教更加重要。在信息时代，多媒体工具的广泛运用，信息渠道的扩展，会给学生带来一定的迷茫与困惑，而教师高尚的人格，良好的师德不仅可以给学生树立榜样，使学生信服。可以说教师的人格品行和为人处世的能力会给学生带来较大的刺激和影响。崇高的人格是教师感化、影响学生的内在条件之一，教师首先要培养自己的高尚人格，淡泊名利，志存高远，为人师表，不断完善自己，用自己的人格魅力去感染学生，用自己的辛勤劳动来塑造学生的人格和灵魂，让师生之间相互作用并共同发展。

3. 教师要树立“一视同仁”的观念

在传统“师道尊严”思想的影响下，教师要强化自己的平等观念，平等地看待自身和学生。“以人为本”强调“人”，“人”没有高低贵贱之分，没有尊卑之分，教师可以成为学生的朋友而不是传统意义上的长辈、教育者。教师是学生成长道路上的引导者，要热情、真诚地对待学生、了解和理解学生、包容学生、关心学生、帮助学生。教师要民主平等地对待每一位学生，经常站在学生的角度去思学生之所思，急学生之所急，忧学生之所忧，体会学生的心情，为良好师生关系的建立创造和谐融洽的氛围。

（二）转变教师角色，提高自身的威信

1. 教师要转变自己的角色，适应时代要求

网络时代的来临，使得教育的环境发生了变化，教师的角色也要发生变化。教师不再单纯是“传道者”“授业者”，不再是知识的垄断者，教师更多的应该是“解惑者”“引导者”，教师的职责不仅在于传递知识，还在于更多更好地激励学生，成为一名学生学习发展的顾问，一个帮助学生发现真理、发现矛盾、解决矛盾的引导者。教师必须用更多的时间去帮助学生，培养学生的创造性和独立思考能力。如果高校教师仍固守传统的“师道尊严”的角色，就没有办法满足高校教育发展的新要求。高校教师转变角色是时代发展的必然要求。

2. 提高自己的威信，做学生的“知心朋友”

教师应提高自身的素质，树立权威。这种权威不同于上下级之间形成的行政权力，而是因教师知识丰富、能力超众、人格高尚而在学生心目中树立起的使人敬服的声誉和威望，它是做好教师工作的无形资本。教师是知识的传播者，是智慧的化身，这正是教师权威产生的前提。如果教师能够通过自己的智慧和才干在学生心目中树立起这种权威，那么工作中就能起到“不令而行”的效果。教师树立的威信应

从三方面努力。一是不断用新的知识充实自己；二是加强师德修养，做学生为人的楷模；三是必须具备观察、分析和判断能力，组织协调能力，口头和书面表达能力等多种能力。此外，教师们还需要付出更大的努力，了解学生的身心、学习、生活状况，伸出自己的援助之手，帮助他们、引导他们，让他们可以少走弯路，少走错路，用自己的人格力量来引导学生、影响学生。

（三）要加强自身的学习，育人又育己

1. 教师要不断更新知识，不断完善自己

在网络时代，教师除了转变自己的角色定位外，还应该不断学习，不断扩展自己的知识面，与学生共同学习成长。教书备课、收集材料、做科研的过程也是教师学习的机会，不仅可以完成自己的基本任务，还可以扩充自己的知识。教师还可以利用网络资源来帮助自己学习、提升自己的学习能力、优化自己的知识系统，变被动为主动。在教学的过程中，可以和学生进行讨论，做到相互切磋；向学生学习，做到相互学习；从学生的意见和表达中寻找有用、有启发的东西，做到相互启发；在鼓励学生的同时也激励自己不断努力、不断研发、不断创造，做到相互激励，达到“教学相长”的目的。教师在学习的过程中，不仅要不断学习自己的专业知识，并进行知识创新，继承和发扬专业知识，而且要不断发现新问题，并探索解决问题的途径，不断完善自己。

2. 教师要不断学习新技术，提高教学质量

当代社会信息技术的发展日新月异，高校教师要学习并掌握先进的教育技术及其各类操作，运用新技术新手段组织教学，达到更好的教学效果，提高教学质量。这样一来，教师不仅可以将自己的知识传授给学生，还可以利用新技术和学生进行交流、学习等。并且在这个信息技术飞速发展的时代，知识更新和信息传播都非常之快，教师的“学习充电”不仅要专业化，还要科学化、针对化、实效化、技能化，

教师要有新的学习理念，不断提升自己，与时俱进。教师在教书育人的同时，加强自己的学习，不仅可以为“育人”储备必要的条件，还可以不断地“育己”。

三、学生层面

学生是师生关系的重要一方，在和谐师生关系的构建过程中，学生要树立正确的价值观、世界观、人生观、学习观，提高自身素质，应当尊重、理解和支持教师，充分发挥主观能动性，积极加强与教师之间的交流沟通。

（一）发挥主体能动性

长期以来，受高考压力的影响，学生在高中时期的学习都比较刻苦，高考结束，学生大都进入了放松阶段，并且高职院校的部分学生由于本身学习兴趣不够浓厚，加之自身惰性的影响，对教师听而不闻、信而不疑，形成了一种依赖教师的坏习惯，一部分学生甚至经常旷课，对于自身的发展非常茫然。作为新时代的高职学生，平时要多跟辅导员和任课老师交流，多参加各种校园文化活动，拓宽视野，主动让自己适应校园生活，清楚自己的任务和目标，充分发挥自身的主观能动性，为自己在学校的学习生活做出规划，为自己将来的发展做好铺垫。

（二）提高自身的信息素养

所谓信息素养，是指“个体对信息活动的态度以及对信息的获取、分析、加工、评价、创新、传播等方面的能力，它是一种对目前任务需要什么样的信息，在何处获得信息、如何取得信息、如何加工信息、如何传播信息的意识与能力”。信息素养主要有信息意识、信息能力、信息道德和信息知识几个方面。信息意识，是指学生对信息的敏感程度，是其在捕捉信息、分析信息、判断信息和吸收信息上的自觉程度。信息能力，是指人们获取、加工处理和吸收创新信息的能力。信息道德，是指人们在获得和处理信息过程中所必须遵守的基本规范。信息知识，是指跟信息有关联的知识和方法。当代社会，信息技术高速发展，学生利用互联网，主要是在浏览网页、看新闻资讯、听音乐、看电影、玩游戏等方面，或者通过微信朋友圈发布消息等，鲜有利用网络和外界进行信息、学术交流的意识。高职生应在认真学习学校开设的计算机课程外，加强自身对计算机的操作应用能力，还要学习并完善信息资源检索能力，熟悉网络信息检索，掌握信息知识和先进的信息技术，把自己所学的信息知识和操作应用到学科的学习当中。

（三）应当尊重、理解和支持教师

师生关系是一种互动的双向的人际关系，师生之间相互影响、相互作用。尊重是相互的，要得到别人的尊重，首先要学会尊重别人。在大学里，学生的“尊师”理念不能丢，只有做到“尊师”，才会得到教师的尊重与爱护，才能和谐发展师生关系。然而，部分大学生对教师的某些缺点、漏洞、错误，夸大其词，认为“这个老师这不行那也不行”，在其课上或者课后对教师不尊敬、不认同，不愿意与其交流沟通，无法形成师生之间的良性发展。一般来说，大部分的大学生都已经是成年人了，应该更加成熟、全面地看待问题。学生应该要理解教师在某些方面上的不足和局限性，不要求全责备，要认识到教师和自己一样也是普通人，是有血有肉的，和自己一样有着生活、学习、家庭等压力，不可能是个完美的人，不是什么事都知道什么知识都懂，不能贬低教师的作用和努力，要尊重教师的劳动成果，支持教师的工作，这样可以使教师的教学热情更加高涨，有助于教师的教学活动。在学习、生活等方面和教师进行有效的沟通了解，加强彼此之间的交流联系，与教师共同探讨，并在与其交往的过程中发现教师的优点和闪光点，尊重他们、信任他们，这样才能拉近师生之间关系。

（四）要主动加强与教师的沟通交流

有些学生强调自己“没有时间”与教师进行交流，大学的课程和学习任务相对于高中来说少了很多也轻松很多，学生有较多的空闲时间，而教师反而因为高校扩招，面对更多的学生和更多的教学任务，没有太多的时间与学生沟通交流，因此也形成学生比较被动的状态。所以学生在师生交往当中，一定要改变自己被动的局面，积极转变观念，主动与教师联系，展现自己的主体性，发挥主体意识，在课堂上积极与老师沟通交流。在课外碰到学习、生活、情感等方面的困难，及时主动与老师联系，可以得到老师的帮助和指导。当前社会，信息技术的发达也给学生带来更多便捷的沟通方式，学生不仅可以和教师面对面交谈，还可以通过邮件、电话、短信、微信等手段与教师联系，增加交流的次数，提高交流的质量。这样，不仅可以为学生带来许多方便和需求，还可以消除师生之间的矛盾误解，促进师生关系的和谐健康发展。

四、社会层面

师生关系是一种特殊的社会关系，受到许多社会关系的影响，而且与时代背景息息相关。市场经济的冲击，不良社会风气的渗透，教育产业化、市场化，价值多元化都会影响着高校师生关系。网络飞速发展，要充分利用网络四通八达和广泛被应用的特点，来宣传、引导校园师生关系的良性发展。因此，构建良好的师生关系离不开和谐的社会环境，全社会要支持教育系统，积极投入。

（一）提高教师的社会地位和经济待遇

教师的社会地位是教师在社会上的职业声望，是社会大众对教师的评价和认可。教师职业声望的提升有助于提高教师的自身形象，有利于在社会中形成尊师重教的社会风气。经济待遇主要是指教师的工作收入、工作环境和工作条件。经济待遇在社会学上是人们选择和评价一个职业的重要依据。较高的社会地位，有利于教师自信心的形成，激发教师的责任感，能够更加投入和热爱自己的岗位，全心全意为教育事业奋斗终生。而经济待遇的提高，可以激发教师的工作热情，促进师生关系的良好发展。因此，社会一方面要大力倡导教师的社会价值与社会功劳，以此来提高教师的社会地位，另一方面要积极支持教师，提高他们的经济待遇，改善他们的工作环境和生活条件。

（二）形成有利于弘扬师德的舆论氛围

社会对于大学生和大学教师的行为和道德要求比较高，一旦师生关系出现问题，社会舆论往往会质疑教师的职业道德，或者批判大学生的素质，而缺乏对事情前因后果的理性分析。当前，信息的开放性以及信息传播的快速性都会使得大众对师生关系问题更加关注，有些媒体为了点击率有意对一些师生关系的极端事例进行炒作，甚至捏造一些恶性事件，不仅误导大众，还可能激化师生之间的矛盾，甚至可能引发大规模的网络口水战。因此，社会要通过各种机制来创造健康的舆论导向，对于出现的问题要积极理性地分析。通过大众传媒和社会组织的积极正面宣传，大力宣传主流社会文化，弱化社会不良思想的侵蚀，大力宣传优良师德师风和尊师重教的典范。

第三节 高职院校和谐师生关系构建的实践模式

和谐师生关系模式构建旨在充分激活师生人际交往，使师生主体特别是学生的主体性得以充分的体现，做到交往、教学、研究、发展、创新的深度融合，互为因果，互相促进。和谐师生关系模式要体现出：① 在教学中交往，在交往中教学。视教学为主体间性的交往，也即教师要根据交往的理论与原则设计教学目标、过程、组织形式、反馈和评价等，使教学成为充分而合理的交往过程；同时根据师生交往主体的各自特点、交往层次、水平和需求对教学目标、内容、方法等做出相应的调整。② 在交往中探索，在探索中交往。通过在交往中探索，实现信息的共享，在共享的探索中达到沟通融合，在沟通中实现创新和发展。和谐师生关系模式的基本要义是努力营造民主、宽松、和谐、合作的交往氛围，充分发挥师生主体间性的作用，优化交往结构，强化交往关系，激活交往过程，实现交往共享。构建和谐师生关系模式的实质是通过教师与学生主体之间言语与非言语行动进行思想和心灵的沟通，促进教育教学效果的落实和彼此间人格力量的增长，最终实现人的和谐发展。[①]

一、对话交流模式

在交往行动的各种形式中，对话是交往行动中最为普遍的人际交往行为。对话“是个体与个体之间以一种共同可理解的方式分享理念、信仰、思想和情感的过程”[②]。对话交流是借助语言符号在主体间进行的话语交流、心灵沟通和视界融合。师生间的对话交流就是要使教师与学生主体通过对话交流充分展示各自的精神文化世界，展现个体复杂的伦理牵涉，让师生主体在自我发现和发现自我中建构和拓展意义的“视界”，启迪主体的思维、智慧，并通过对话交流达成共识，实现“视界”融合，促进个体发展，建构起广阔的生活空间、交往空间和意义世界。对话交流作为和谐师生关系的一种新型模式，是基于师生合作、平等民主、教学相长的互惠式师生关系模式，它不同于既往的先知与后知、传授与接收、控制与服从、主导与主体的师生关系模式。这种师生关系模式的对话过程是基于经验基础上的意义构建，对话交流的目的在于建立一种新的学习和认识过程，对话的本质是民主和创造，对话的意义在于促成主体间真正的理解。

在师生交往中建构对话交流模式，首先应该摒弃既往师生交往中

---

① 刘建华．师生交往论：交往视野中的现代师生关系研究[M]．北京：北京师范大学出版社，2011：118.

② 杨捷．走向“对话”的师生观[J]．当代教育科学，2006（11）：27-29.

的“上传下达，你讲我听，居高临下，单向交往”模式的弊端，营造出一种“平等、自由、民主、尊重、信任、宽容”的双向互动关系，让交往中的每一个个体获得交往的价值和尊严，获得尊重、信任、理解，只有这样，交往双方才能真正敞开心扉，接纳对方，实现话语交流、心灵沟通和视界融合，才能使交往主体之间在相互认知和碰撞中创新和发展已有的认知。无数的师生交往实践证明，教师只要懂得如何与学生沟通，懂得如何满足学生的需要，并引导学生懂得如何达到教师的要求，师生之间建立相互信任、尊重、理解的关系，那么，很多教育教学活动便能使学生产生兴趣和接受。反之，在师生交往中，如果教师不能尊重、信任和理解学生，无论教师的教学技能和水平多高，多么优秀和出色，也是很难激发学生的学习激情，甚至因抗拒教师而失去学习的动力。

创设平等、民主、和谐的师生关系要求重新认识教师的权威。在传统意义上，教师是教育权威的化身，是知识力量和社会发展的代言人，是师生交往过程的控制者和教育活动的主宰者，他们可以对学生尽心训导、竭力传授、尽情表达，表现出权威无边、积极有为的态势。学生自然成了教师训导、传授的客体，成了被动的顺从者、接受者和依附者，因而在师生关系上表现为不平等、不协调甚至是对立或对抗的境界。和谐师生关系主张在师生对话交流中实现教学权利的分享，赋予学生以独立的人格和平等的权利和意识。教师不以身份、地位、职位和权力去威胁、控制学生，而是要在尊重学生主体性的前提下让渡部分教学权利允许学生质疑、批判，讨论、争辩，敢于对教师、教材的权威提出质疑。当然，创设平等、民主和谐的师生关系并不意味着教师要放弃应有的作用和发挥应有的功能。平等的对话也并不是一方抛弃观点或强加于另一方的观点之上，而是双方共同改变旧的观点，通过对话交流，达成双赢的目标。

如何通过对话交流构建双赢的师生交往目标呢？在人际交往中，人与人之间的对话交流可以“聊”，可以“辩”，可以“商”，也可以“谈”，师生交往也不会例外。以基本形式“谈”为例，“谈”就是对话，但这里的“谈”与一般意义上的教师找学生谈话是有区别的，尽管也包含着对话交流的含义，但不是它的全部。这就意味着师生间对话交流不是单向进行的，而是双向建构的。对话交流的实质就是要通过对话实现交流，分享意识，改变思维，形成意义建构。当然，教学活动中的师生对话交流张扬着精神交往的解放旨趣，强调“自由”“平等”，主张“热爱”“谦虚”“信任”，关注“希望”“反思”“批判”，它超越了灌输式、自我教育等独白式“反对话关系”[①]，它不仅仅是一种交流方式，而且更能彰显师生主体间性的平等关系，师生对话绝不是“空谈闲聊”，而是“有意义”和“有效”的行为。在这种情境中，师生要想使对话顺利进行，必然在情感上处于一种真实的状态，直接面对对方，以各自真实的面目示人，才能深入彼此的内心世界，缩短对话交流的距离。

在具体操作中，师生之间的对话交流实际上表现为两种方式：一种是显性对话交流，一种是隐性对话交流。显性对话交流指的是在师生主体间触动心灵激发交往冲动的情境下，教师向学生提问，或学生向教师发问，然后双方各自发表自己的意见或看法，进行讨论、质疑和论证，用以阐明事理、澄清事实、激发情感的一种交往方式。隐性对话交流是指师生主体间能够实现情感沟通和心灵接触，但未必进行明显的对话、讨论，而是通过双方的沉思、默想、认同、赞许或反对等一系列感情的自然流露，交往双方彼此在思想和心灵上默契的一种交流方式，这种交往方式虽然表面上看不出对话交流，但却实现了更深层次的交流和沟通。在实际的师生对话交流中，这两种交往方式是客观存在的，有时候隐性对话交流占主导，有时候显性对话交流占主导，有时候并用，但多数情况下以显性对话交流为主。无论选用哪种对话交流形式，其目的都是实现师生的互动与沟通，最终实现意义的共享和共识的达成，促进个体的发展。

---

① 保罗·弗来雷. 被压迫者教育学[M]. 顾建新，译. 上海：华东师范大学出版社，2001：37-41.

二、角色体验模式

对于“体验”，我国学者认为，体验是可以“超越经验，达到理性；超越物质，达到精神；超越暂时，达到恒久”[①]。在体验中，一切客体都应该是生命化了的客体，都应该充盈着生命的意蕴。因为只有客体具有生命化的意蕴，主体才会进入角色的知觉，才会理解角色在体验情境中的地位，才能设身处地地体验角色的情感，进行自我感知、认识和感悟，最后进行意义的建构和价值的生成。这里，“体验”不仅作为一种心理过程存在，而且也作为一种心理状态而存在。在师生交往中，体验主要表现为师生对教学情境的一种心理感知。实际上，师生教学交往的过程也是一种师生交往中知识、情感的体验过程，也即通过知识信息在教学空间的传递，一方面教师的“传道、授业、解惑”如果得到了学生的认可，产生了情感上的共鸣，教师也就会获得情感体验中的满足，实现了教师角色的体验过程；另一方面学生在接受教师传递信息的过程中，如果所传递的知识使自己在认知和情感上获得满足和快乐，也就证明学生角色获得了体验的过程。

（一）角色体验的内涵

“角色体验”是指教师在与学生的教学交往中，精选适宜的教学内容，引导并组织学生通过亲自观察、感悟、模仿、训练等教学实践活动，体验所选内容中不同角色的内涵、责任，从而形成对不同角色的深刻理解和全面认识，以此促进学生实现角色转化的认同和理解。角色体验有别于换位思考和角色扮演，虽然角色体验中也有换位思考的意思和角色扮演的行为，但相对于二者，角色体验更加突出主体性和主体间性的实践，更加强调体验者亲身实践中对扮演不同角色的准确认识和价值判断。而换位思考和角色扮演只是基于一般意义上的表面“体验”，意义上的体验与实践中的感悟是有距离的。由此可知，相

① 石鸥，侯静敏．在过程中体验：从新课程改革关注情感体验价值谈起[J]．课程·教材·教法，2002（8）：10-13．

对于换位思考和角色扮演,角色体验更加注重亲自实践中的体验过程，特别是体验中的认识、感悟和判断。

(二) 角色体验模式

在日常生活中，交往是人的行为活动最普遍的实践方式。人在交往活动中都承担着一定的角色。要提高行为活动的交往水平和质量，光承担角色还不行，还要学会角色扮演和角色体验。如此，角色体验模式的表达式为“角色承担+角色扮演→角色体验→理解互惠目标”。运用在师生交往中，“角色体验”交往模式是坚持以特定专题为载体，以教育教学为情境，以角色互换为形式，以体验感悟为核心，旨在充分体现师生交往的特色，促进学生主体意识的生成和个性的发展。所谓“以特定专题为载体”是指在师生交往中，要想建构起师生角色体验交往模式，首先应该选择特定理论专题作为体验交往活动的载体，而且这个理论专题应该是有助于实现师生角色体验的，通常情况下指师生交往的具体事实；“以教育教学为情境”是指师生交往中主要是通过课堂教学、课下交流的场面进行的；“以角色互换为形式”指的是在师生交往中互换角色，教师扮演学生角色，学生扮演教师角色；“以体验感悟为核心”指的是在师生角色体验交往中，角色互换不是它的核心只是它的一个内容，而互换角色的目的和指向是为了实现体验感悟，是围绕体验感悟而互换角色，最终实现学生个体的发展。

(三) 角色体验模式的实现

1. 营造超越于课堂、学校的适宜的学习交往环境

角色体验交往是一种动态的交往实践活动，它需要更大的空间和变化多样的场所，诸如教室、图书、设备、校舍的要求更高，有些情况下可能要超越学校和课堂进入到社会和家庭之中。因为既然要在交往中体验，由于体验者在不同场所和空间扮演的角色不同，所以好的条件、环境和资源自然也使体验者获得更好的发展。

2. 选择以真实生活和有用知识为体验的内容

在师生交往的知识体系中，既有显性的知识，也有隐性的知识，但并非所有的知识都适合进行角色体验。通常情况下，显性的知识是能够看得见、摸得着的知识物，往往通过理性的方法去获得；而隐性的知识往往以态度、价值观、信念、习惯为表征，深刻的体验是获得隐性知识的有效途径。这就要求教师在角色体验交往前，应该选择生活中的真实信息为体验内容，尽力避免抽象的理论或过时的事实。

3. 实现以师生为主体的角色体验行动

角色转换中的角色体验是以生活情境为依托，以生活存在为前提的。体验的向度和强度均会超越于日常生活经验，同时，角色体验需要师生结合具体环境与他们的生活、学科、社会密切联系的主题或问题进行观察、探究、实践和讨论，然后得出自己认同的结论，整个过程需要体验者亲身经历，自觉参与实践，及时反思生成，不仅在情感态度上接受，而且最终形成自己的理念和价值观。

4. 体验过程中注重质的感悟而非量的增加

师生角色体验交往性关系模式尽管强调交往目标、内容和环境的适切性，但在活动的方式上是以体验者也即师生等学习者为中心，更加关注体验者的感受、价值取向和体验方式，更加需要体验者自己观察、反思、判断和总结，其目的是学会在不同的环境中学习、思考和解决问题。因此，它更加注重质的感悟而并非量的增加。

师生角色体验交往模式有助于建立个性化的交往性行动课程，有助于拓展教育空间，有助于学生在完整的生活情境中，形成具有自然性、社会性、自主性健全发展的人，对于弥补学生角色体验机会的缺失，拓展师生交往的路径具有重要的启示意义。当然，角色体验交往模式是一个系统的复杂的理论建构模式，在师生交往中，由于交往情境的不同和角色的多样性，可以选择多样的体验方式，诸如对照式角色体验法、自省式角色体验法、对话式角色体验法、模拟式角色体验法、身份互换式角色体验法等，但是无论采取哪种方式，都应该促进体验者的认知、感悟和判断能力的提升，有助于体验者价值的生成。[①]

三、互动合作模式

（一）互动合作模式概述

“互动合作模式”的理论基础植根于约翰逊提出的“合作学习”理论。合作学习（cooperative learning）是20世纪70年代初兴起于美国，并在20世纪70年代中期至80年代中期取得实质性进展的一种富有创意和实效的教育理论，由于它在提高学生学习成绩，改善课堂心理气氛和促进学生非认知品质方面作用显著。

1. 含义

师生交往中的互动合作模式是以合作学习理论为基础，以研究与利用教学中的人际关系为基点，以交往目标为导向，以师生、生生、师师相互合作为动力，以小组活动为基本交往形式，以团体成绩为评价标准，以标准参照评价为基本手段，以促进学生全面发展和建立和谐融洽的师生关系为根本目标的实践模式。

2. 特点

这一模式在师生交往中具有互动性、合作性、互耐性、情境性、和谐性的特点。

互动性主要体现为师生交往中交往信息是在师生间、生生间、师师间多向传递、交流互动的过程；合作性要求交往的各主体必须密切配合，相互协作，才能建立起互动合作的模式；互赖性是指参与交往的教师、学生在交往中是相互依赖、相互协作、相互作用、相互影响的，一方的发展离不开另一方的发展；情境性是指互动合作必须是在特定的情境中进行的，这种情境包括个人学习、小组学习以及个人与个人、小组与小组的竞争学习情境以及几方面相互协

---

① 刘建华. 师生交往论：交往视野中的现代师生关系研究[M]. 北京：北京师范大学出版社，2011：125.

调的情境；和谐性是互动合作模式的必然要求和最终体现，表现为学生身心的和谐发展，师生、生生、师师之间的和谐合作。师生互动合作模式的核心是在研究性学习中充分发挥教师和学生的主体性，针对相关课题在师生、生生、师师的密切交往和相互合作中相互学习、相互启发，共同提高，目的是使学生真正成为研究课题的提出者、设计者和实施者，教师成为学生学习的参与者、促进者和合作者。

3. 分类

该模式在国外比较盛行的类型有正式的合作学习（有固定和持续的小组成员，有明确的学习目标，都试图将学习小组置于合作程序中，在积极交往中增进发展）、非正式的合作学习（只为了特定课题的研究，在较短时间内，人员不很固定的合作学习过程）、合作性基层团体（小组由不同性质、性别、能力、文化背景甚至种族的群体成员组成，持续的时间较长的一种合作性学习）。国内在此方面的研究时间不是很长，主要有分层合作学习模式（以分层教学、分层评价、小组协作共同进步的教学组织形式）、互助合作学习模式（以学习小组为基本形式实时互动的学习形式）、建构合作学习模式（以建构主义学习理论为指导，建立小组进行合作，培养学生的合作精神和创新能力）、自主合作学习模式（是将自主学习中的学生自主探索的特征与合作学习中的积极互动相结合的一种合作性学习方式）等。

以上分类，无论是国外还是国内，作为一种有效的教学策略和教学模式，对于改进教学过程、提高学习效果都有着重要的影响作用，但由于在理论认识和教学实践中的不一致，实验与实践中效果的不一致，仍需继续深入的探讨和研究。

（二）互动合作模式的实施

1. 营造良好的课堂合作气氛，注重师生间的情感交流

美国心理学家 L. P. 索普指出："师生之间良好的课堂气氛能使学

生在学习上合作，这是学生取得最好成绩的主要原因之一。”[①]好的课堂交往气氛在于好的人际交往的达成。师生作为教学交往的两方面主体，其人际关系好坏的关键在于师生间的人格是否平等。无数的教育事实证明，“师生间的人格平等，容易使师生在知识理解、技术掌握、技能形成过程中行为‘共振’、心理‘共鸣’，教学达到最佳心意交流和信息传递，发挥学生的身心潜能，增强自信心，激发学生的创造性，这也是教学相长的真谛”[②]。此外，良好的课堂交往气氛的营造离不开教师真挚的情感。教育从情感入手，教师要想得到学生的合作，就更需要与学生进行情感上的沟通，赢取学生的信任。而要获得与学生情感上的沟通，教师要尊重学生的主体地位，善于消除交往中的紧张情绪和心理压力，鼓励学生敢于质疑，注意倾听和尊重学生，激发学生参与的积极性，集思广益，与学生交心，爱护学生的天性，要包容学生的差异，只有这样，师生间的合作才能真正得以进行。

2. 构建学习的共享系统，促进合作与对话

在课堂上，师生之间、生生之间的关系也对学生的成绩、社会化和发展有重要影响。因此，在构建互动合作教学模式时，必须构建一个学习的共享系统，以促进师生之间、生生之间、师师之间的交往与对话。在这个系统中，教师不是以教育权威者的姿态出现，他应该是一个服务者、促进者、帮助者。“除了他的正式职能外，他将越来越成为一位顾问，一位交换意见的参与者，一位帮助发现矛盾论点而不是拿出现成真理的人。他必须集中更多的时间和精力去从事那些有效果的和有创造性的活动：互相影响、讨论、激励、了解和鼓舞。”[③]与此同时，学生也不再是孤立的、被动的知识接受者，而是相互交往的主动者、参与者和建构者。教学组织形式也从过去单一的班级授课制转

① 王坦. 论合作学习的基本理念[J]. 教育研究，2002（2）：68-72.

② 李瑜，李旭. 师生交往的教学模式：合作性学习[J]. 商丘职业技术学院学报，2006（5）：109-110.

③ 联合国教科文组织国际教育发展委员会. 学会生存：教育世界的今天和明天[M]. 北京：教育科学出版社，1996：108.

变为班级教学、团体合作、小组讨论、个别指导的最佳组合，并辅之以形式多样的课外活动。

3. 建立灵活多样的运行机制，实现合作愿景

所谓运行机制是指事物各构成要素发展和运行的机理和状态。对于互动合作教学而言，需要有一套有效的运行机制。首先，要制定学习目标。目标的设计要适合学生水平、适合教学水平、适合合作水平。其次，要组建合作小组。小组成员进行明确的职责和分工，尽力让每一位学生都有机会扮演管理者的角色，使每一位成员都感觉到自己是小组的主人，自觉加入小组的交往活动中。再次，构建互信机制。要明确学生任务，并向学生解释学习任务；要向学生说明小组共同目标，确保成员间的紧密合作：要建立个人责任，不时地对小组作业进行评价来促进每个人的学习活动；要建立组间交流，进行经验推广；要提出合作原则，适时了解小组进展给予帮助。此外，还需要有一整套的评价标准。评价标准的制定和执行需要教师和学生一起进行，把合作过程评价和合作结果评价相结合，合作小组集体评价和个人评价相结合，在此基础上要侧重于过程评价和小组集体的评价。实现合作愿景是每一个小组向合作性小组转变时必须进行的一项修炼。这就需要教师不仅要善于激发、学习与聆听学生的愿景，而且经常与学生分享自己的愿景，通过相互沟通和交往，把不同的愿景整合起来，以确立整体图像，使之成为一体时，真正的共同愿景也就建立起来，互动合作模式也就得以确立。

作为一种新的师生交往模式，互动合作教学模式在教学中运用和实施，对于推动学生主动参与教学，调动学生学习的积极性，促进师生、生生、师师之间的互动合作，突出学生的主体作用具有重大的现实意义；而且对于形成以学生主动参与为特征的“以学促教”和“以教促学”的教学，对于深化课堂教学改革，培养学生学习能力、创新能力、实践能力、交流能力和社会适应能力，最终实现学生全面发展产生深刻的影响。

四、情境交往模式

交往总是在一定的情境中进行的，良好的情境不仅有利于话语的展开、交往的继续、情感的互换，而且使交往更加轻松愉快、思想自由奔放、心情格外明朗；相反，不良的情境，不但不利于交往的正常进行，反而会抑制和阻碍交往的继续，严重的会使交往变异，引发冲突和矛盾。因此，创设一个轻松、愉快、自由、和谐的交往情境是实现有效人际交往的前提。情境交往模式，是指在师生交往中，教师与学生、学生与学生之间的交流和沟通是在一定情绪色彩的、以特定形象为主题的生动具体的场景中展开的，以引起交往双方的情感体验和态度变化为基础的言语表达过程。在这种模式中，情境的引入和创设是前提，交往双方的情感体验和态度变化是基础，有效的言语交流和表达是归宿。

（一）情境交往模式构建的条件

1. 情境创设的物质条件

师生交往是在一定的物质环境中进行的，环境的设施包括空间布局、质量、新旧程度、规格大小、仪器设备、卫生条件、绿化、美化和硬件条件对于师生的认识有着重要的影响。优美的环境、整洁的布局、先进的设备、崭新的用具、安逸的氛围总是给人以积极向上的感觉；否则，会抑制人的灵感、挫伤人的锐气和斗志。当然，好的物质环境并不一定使人变得积极进取、信心十足，它只是一个外在条件。

2. 情境创设的精神条件

由于师生交往是以精神产品为主进行的，同时又是由教师和学生两种特殊关系的人在特定的精神氛围中展开的。交往过程是知识信息的传递过程，也是心灵与心灵的碰撞、情感与情感的互换过程，这就需要教师在精神上具备科学的知识、进步的思想、精湛的教学艺术和高尚的精神境界，只有这样，学生才能相信教师，与教师进行深入的交流和交往。

3. 情境创设的制度条件

制度环境主要体现在制度是否健全，制定制度时是否反映民意和民主，制度执行得如何，监督是否公平合理。制度的显性标示主要通过校风、班风、教风、学风和考风上加以体现。一个民主、公平、公正、公开、和谐、包容的制度环境，使得置身其间的每一个人受到尊重、得到鼓舞、激发创新，有利于人际关系的确立和发展，有利于交往的顺利进行；一个专制、矛盾多发、风气恶劣的制度环境，不但不利于交往，反而使人丧失信心、动力、希望和勇气。

（二）情境交往模式建构的途径

1. 生活再现

丰富的日常生活是大学生永恒的话题。借助生活引发话题，循序渐进，点拨引导，把学生带入与教育教学内容密切相关的真实场景中，进行观察、体验，并以教师形象化的语言加以描绘，充分发挥学生的感觉、直觉、表象和想象能力。

2. 实物演示

即通过创设必要的背景，通过在背景中演示某一实物，激发学生的思维和联想。

3. 语言描述

通过教师形象化、生动化或诗意化的语言描述教学情境，使学生深切体会、想象、联想教学内容，进而激发学生的兴趣灵感和冲动。

4. 音乐诱发

通过设置背景音乐，用音乐的旋律、节奏和情境激发学生的兴趣，调动学生学习的主动性、积极性和愉悦性。

5. 涂鸦绘画

教学中有些“境”难以亲历，有些“情”相距甚远，这就需要教师创设情境，用形象化的图画再现文本情境，用以引起学生的注意、想象和记忆，使学生渐入佳境。

6. 角色表演

学生们青春活泼，善于表现，精彩的表演能够激发他们参与交往的热情，因此，通过角色扮演可以把刻板的内容生动化、形象化和具体化，进而引发学生的情趣。

以上途径可以单独使用，也可综合使用。特别是随着多媒体技术的发展，集声音和图像为一体的多媒体技术更容易创设一个生动鲜明的场景，更能使学生有置身其中的感觉，更能够引发学生感官的兴奋，引发情感，促使其进入特定的学习和交流境界中。当然，在师生交往中，创设什么样的情境，应该视交往内容的需要而定，但有一点，教师只有创设生动、活泼、有趣的交往情境，营造民主、和谐、融洽的交际气氛，让学生产生强烈的交往欲望或冲动，乐于沟通，善于交往，才能有效提高学生的会话和交往水平。

（三）情境交往模式的操作程序

1. 精心导入情境，激发交往动机

具体方法为角色扮演法、典故导入法、情景对话法、多媒体营造法、时事导入法、音乐歌曲法、游戏调动法、组织讨论法、社会实践法等，具体运用哪种方法视交往内容而定。

2. 入情体验，再现情境

教师在交往中再现情境，以情悟情，唤起学生对交往的兴趣，促使他们带着已有的体验，投入到情境学习之中，受到熏陶、获得启迪。

3. 互动交流、拓展表达

师生交往是个双向互动交流的过程。学生在情趣盎然的互动情境中交流、感悟、体验，并调动已有的知识经验去切身体验，使学生的潜能尽可能地得到充分发展，学生心中涌动着许多体悟急需倾吐，此时，教师应采取抓细节、形象、场面和情感等形式，拓展表达的方式，让学生展示情感、表达话语，进而实现交往的有效进行。

情境交往模式的构建，能够在情境中陶冶学生的情操，净化师生的心灵，同时也可以为学生提供良好的暗示和启迪，有利于锻炼学生的创造性思维，培养学生的适应能力，不失为一种有效的交往模式。但是，构建情境交往模式是一个极为复杂的过程，既需要教师自身精神境界的提升，也需要物质环境的创设和制度环境的保障。

五、网络交往模式

随着网络技术的迅速发展和逐步普及，一种新型的交往方式——网络交往，日益成为一种重要的交往方式。特别是随着校园信息化建设的不断完善，网上授课、网上批改作业、网上指导学生或者进行网上交流对话已经逐渐成为学校教育的第二渠道。在今天，一个不能合理利用网络资源的教师越来越难适应现代化教育的发展趋势。发挥网络交往在师生交往中的优势，成了现代师生交往关系健康发展的客观要求和必然选择。

从当前网络技术的发展水平来看，师生网络交往主要是通过邮件服务、微信、教学 APP、个人或单位主页构成的虚拟社区以及局域网进行的其他网上传输等多种形式进行。这种交往方式一改传统师生间单向交往，实现了现代意义上的对话式交往，而且这里的“对话”不只是在师生间的语言交谈，而是通过虚拟世界中的“虚拟人”实现。同时，这种对话是在虚拟世界中的共同在场、相互吸引、互相包容、共同参与的条件下，实现师生间的相互接纳和共享。这种师生交往的模式是“人与人精神的契合”，是“人与人言语的对话”，是打通生活与教育的壁垒，使师生交往不再局限于课堂的知识教学，而是走向生活世界，更加关注教育的生活层、情感层、意义层。①

① 刘建华. 师生交往论：交往视野中的现代师生关系研究[M]. 北京：北京师范大学出版社，2011：137.

（一）网络交往模式的特点

1. 交往主体的平等化和主动化

网络空间是一个普遍交往、平等交往的空间。网络交往中师生交往也将普遍化和平等化。在师生交往中，教师主体与学生主体都可在网络空间主动地、自由地展示自己的丰富性，以各自的知识经验、情感和个性投入教育活动，使之相互影响、相互交融、相互促进。特别是对于教师，应该走出知识信息的权威，主动进入网络空间，适应网络空间环境的变化，主动建构起自己的知识体系和网络操作技能，适时关注网络空间中学生的所思、所想和所行，取得学生的尊重和信任，实现民主、和谐和普遍交往。

2. 交往内容的信息化和科学化

网络空间是个巨大的信息空间，它所呈现的是一种信息共享的模式，它消除了时空距离的限制，使得地球上任何一个角落的人只要具备上网的条件就可以进行交流与互动，师生间的网络交往也就不免具有信息化的特征。这种信息化的不断发展使一个全新的由声音、图像、文本构成的动态知识库代替了传统师生交往中的静态书本知识信息体系。网络也是个开放的空间，网络中信息浮杂、良莠不齐，充斥着大量的有害信息，在与学生进行网络交往时，教师要进行正确的引导和科学的选择，要主动走在学生的前面，进行科学的取舍、选择，用科学的信息引导学生，发挥网络交往教育的作用。

3. 交往环境的宽松化和自由化

网络最大的特点就是赋予人类以自由，网络是一个开放的、自由的公共领域。进入网络，似乎像走入“自助式”餐厅，需要什么全由你自己掌握。进入网络中的学习，应是一种主动的学习，一种基于信息的学习，一种建立在网络交往中的学习。网络空间中这种交往和学习方式的变革，使得人际交往的方式也在发生变化，网际间的交往不再是“要我交往”而是“我要交往”。如何实现网际间的正常合理交往，发挥网际间的交往和互动，不仅需要宽松自由的交往环境的营造，更需要在交往的目标指向上加以调控选择。无视交往目标指向的调控和选择，不但建立不起自由的网络交往，反而是对网络交往的抑制和束缚，同样，任何场域中的自由都是相对的，超出了限度，这样的自由便是反自由。但在交往过程中，如果教师过度卷入网络交往，事事把持不放，时时精细加工，这不但不利于网络交往的发展，反而会抑制和束缚师生网络交往的自由运行。

网络交往自从其产生以来，对于人们的思维方式、行为方式、交往方式以及存在方式产生着越来越深刻的影响。在师生网络交往中，它大大拓展了师生交往空间的时度和维度,丰富和发展了交往的内容，既体现了数字化时代的鲜明特点，又契合了“以人为本”的教育理念。对于实现教学革新、祛除传统师生交往中的弊病，创新交往方式，改进教学效率必将产生深远的影响。但是，这种交往模式同时也是一把双刃剑，它所带来的角色失控、行为失范、信任危机和情感冷漠等负面影响必须引起我们高度警醒。

（二）几种常见的网络交往模式

1. 基于电子邮件的交往模式

电子邮件是网络交往中最为简练的一种即时性信息沟通方式。与现实交往中的书信方式有着很大的相似点，但电子邮件在沟通速度和效率上是普通书信无法比拟的。在师生交往中，面对生活、学习，上的压力，借助电子邮件表达思想、交流感情、解惑答疑、指点迷津，电子邮件有着极为便捷的条件。这就要求教师和学生首先要认识到电子邮件的特点和价值，科学建立电子邮件的信息往来和沟通渠道，发挥电子邮件的功能。

2. 基于博客的交往模式

博客（blog），也称网络日志。它是使用特定的软件在网络上出版、发表、张贴文章的一种形式，操作简单。博客作为一种个人发表的自媒体，从它诞生那一天起，分享就成为它最核心的内容。它是一种个性化的表达，是人们渴望分享、期望分享、希望将历史存档的产物。同时，也就无形中成为人们展示自我、张扬个性的一种手段。精彩好看的博客不仅文字内容丰富，而且图片漂亮，很适合人们去欣赏。博客能展示师生的精神生活，以及他们的学习研究成果，叙说他们的学习生活故事和心灵絮语，符合师生情感上的需要，极易架起师生沟通和交往的桥梁。教师还可以借助博客有意识地关注一些学习或思想上暂时有问题的学生，不但有助于预防问题的上升，而且能够找准问题，防微杜渐，化解矛盾，引导后进。

3. 基于微信的交往模式

微信交往指个体使用微信的私信、群组和朋友圈三项功能实现与身边朋友、同学、老师、父母的线上人际交往。微信交往有以下特征：第一，交际范围小，互动频率高。微信的特点是其中的好友与现实好友重合度较高，所以使用微信存在很强的个人意愿性，如果双方不认同或者单方面不认同就无法成为微信好友关系。第二，内容多样性。微信中的好友是生活中相对熟悉的对象，微信是一个强弱关系并存的空间，所以不能绝对地说微信中都是强关系，所以在这样的基础上，每一个人都有权利在微信上发布优质的信息、自己的观点或牢骚，微信上流通的内容是丰富且多样的。①

（三）基于网络交往的和谐师生关系构建途径

1. 遵循相互尊重原则，建立和谐师生关系的情感基础

网络交往是现实世界中师生关系在互联网平台上的延伸，是真实人际关系以网络为媒介的表达。因此，网络交往同样需要遵循人际关系的基本原则，首先就是相互尊重。教师尊重信任学生，给学生以信心和力量，发现学生身上积极美好的东西，积极引导学生不断进步。同时，学生也要尊重教师的知识、劳动和创造，对课堂教学过程充满

---

① 孙秀鑫. 微信对大学生人际交往的影响研究[D]. 大连：大连理工大学，2017.

诚意和尊敬，师生共同遵循相互尊重的原则，打牢和谐师生关系的良好情感基础。

2. 探索师生合作学习模式，实现情感互动促进教学互动

互联网让教育从封闭走向开放，打破了权威对知识的垄断，人人能够创造知识，人人能够共享知识，人人能够获取和使用知识。构建网络交往中的和谐师生关系，是顺势而为的探索。师生间以良好交往关系为基础，立足教材，充分利用互联网提供的丰富教育资源，探索师生合作学习的新模式。一方面，促使教师不断提升自己的“软实力”，即教育教学能力，同时，教师应该是“道德上的合格者”，好老师首先应该是“以德施教、以德立身的楷模”。另一方面，要求大学生提高自己的信息素养，学会搜集网络资源、分辨网络资源和利用网络资源，从而形成自己的知识、观点和判断力。在这一过程中师生之间需要以务实开放的态度共同学习、共同进步，有利于更好地实现教育教学的育人目标。

3. 探索师生交往的 O2O 模式，拓展和谐师生关系的交往时空

“O2O”，即我们所熟悉的 Online To Offline，又被称为线上线下电子商务，这种模式将线下商店的消息推送给互联网用户，从而将他们转换为自己的线下客户。高校师生之间借助互联网社交平台，实现线下和线上互动，拓展师生之间交往的时空范围，探索师生间交往的 O2O 模式。互联网平台可以帮助师生实现“课堂上”和“课堂下”的交流，这不仅是一种人际交往和师生关系从线下到线上的模式，更是教书育人途径的有效拓展。师生之间可以利用网络即时通信工具，学生线下提出问题，教师线上回答；或者大家在讨论区或微信公众平台讨论，思想相互碰撞，及时反馈，增强师生之间的互动。线下师生之间良好的交流互动是基础，是关键；线上师生之间的交往互动和学习互动是线下交往的有益补充，两者统一于教育教学的过程中，相互促进。①

① 李娜. 构建“微交往”下高校和谐师生关系的意义和途径[J]. 思想理论教育导刊，2016（6）：150-152.

4. 关注师生交流互动体验，形成良好课堂生态

课堂教学不是一个封闭的、预设性过程，而是开放的、生成性过程。和谐师生关系首先要求师生之间是积极的、平等的互动型师生关系，并且这种交流互动关系的生成不是一蹴而就的，更不是一劳永逸的。网络交往中师生特别是教师要关注师生之间的交流互动体验，深入了解学生，摸清线上线下情感互动、知识互动、能力互动的状况，不断完善互动方式，提升互动效果，进而提高课堂教学实效性，在此基础上，形成不断自我完善的、动态生成的课堂教学生态。

下篇

第四章
高职院校教学情境中和谐师生关系的构建

第一节　高职院校课堂教学中和谐师生关系的构建

2019年1月发布的《国家职业教育改革实施方案》明确提到“职业教育与普通教育是两种不同教育类型，具有同等重要地位”，强调了需要“把职业教育摆在教育改革创新和经济社会发展中更加突出的位置”。此外，文件还提出要“推进高等职业教育高质量发展”，反映了高等职业教育在“着力培养高素质劳动者和技术技能人才”方面的大目标。在高职教育中，培养高素质、高技能人才离不开老师，师生关系的话题不可回避。

一、高职教育中师生关系的特殊性

基础教育中，由于学生年幼，尚未形成其人生观、世界观、价值观，所以在学校受教育的过程中体现出的师生关系比较纯朴，老师完全是学生的引路人。在这个阶段的学生眼中，老师“吐辞为经，举足为法”，大部分学生以老师为学习的榜样，甚至有一些学生因为深受自己爱戴的老师影响立志成为一名老师。步入高等教育的学生从年龄结构来看，基本上处于18岁到22岁之间，这个年龄阶段的学生，虽然在生理上已经“成熟”，但由于其一直处于“学生”

角色，在心理方面略显“稚嫩”。虽然年龄上已经“成年”，却又不具备完全的“独立”能力。于是，就算脱离了青春期，也没资格说自己步入了成年期；既不能厚着脸皮以“孩子”自居，又没有底气做一个真正的“大人”。高考结束之后，没有了倒计时，没有了压力的同时也丧失了动力，脱离了依靠却没有新的依靠，丢掉原有的方向却没有新的方向。这种“隐性成熟”中潜在的矛盾是高等教育（含高职教育）中师生关系有别于基础教育阶段师生关系的原因之一。

在高职学生所处的这个年龄阶段，他们已经开始尝试摆脱完全的依附状态，但又还没有完全具备成年人应该具备的责任。在这个阶段，人生许多未知都还在发生，几乎没有什么是确定的。于是这个阶段就成为一个“自我和社会之间存在张力，同时又拒绝被完全社会化”的矛盾阶段。在“应试”考核标准下，高职学生大多产生了固定的畸形思维模式，如“我不行”“我不会”“我不在乎”“我不知道”等，在学习和生活中不够自信、不太自主、不会自省。不够自信导致高职学生在遇到新问题时不知所措、裹足不前；不太自主导致高职学生在学习中一方面表现为“唯师命是从”，离开老师的指导和帮助寸步难行；不会自省导致高职学生即便在拥有一些学习、生活经历后，不善于总结、反思，以至于不能将经验、教训及时内化，致使当类似情形再现时，仍然显得效率不高、方法不灵活。基于以上问题，一些高职院校中的专业教师不仅要钻研个人业务，而且还要承担班主任的工作，特别是在班级建立初期，要事无巨细地进行管理和过问。高职教育中的师生关系不再是基础教育阶段比较单纯的“你听我说”的关系，也不是其他普通高等院校中体现出的“指导与钻研”的关系，而是更为综合的“亦师亦友”关系。

在高职的课程体系中，通常按照课程的功能属性，可以将课程分为公共基础课、专业核心课和职业素养课。在以“厚基础、精技能、宽视野”为人才培养目标的方向指引下，不同类型课程在实施中悄然产生了不同的师生关系。[①]

（一）传道与问道

公共基础课是培养德智体全面发展人才，为进一步学习提供方法论的不可缺少的课程。它主要包含社会科学公共基础课（如“毛泽东思想和中国特色社会主义理论体系概论”“思想道德修养与法律基础”等）、自然科学公共基础课（如“应用数学”“计算机基础”等）、实践环节公共基础课（如“劳动技术教育”“国防教育”等）。随着时间的推移，社会科学课程领域的老师需要不断结合新思想、新要求，向学生传递新时代之道。随着技术的进步，自然公共基础课程领域的老师需要不断融合新理论、新规范，向学生传递新科技之道。随着产业的升级，实践环节公共基础课程领域的老师需要不断开发新项目、新任务，向学生传递新实务之道。“基础不牢，地动山摇。”在授课过程中教师传多方之道，帮助学生深刻认识世界、树立长远目标、清晰辨别真伪，为学生讲授做人、做事、做学问的道理。学生问自己不足之道，从而使得自己在老师指导下，逐渐稳固自己的人生观、世界观和价值观。只有以正确的三观为指导，学生才能在日后的工作中认真负责，积极向上，不断努力，逐步自信，真正成为拥有高素质的人才。

（二）授业与精习

高职院校中的专业核心课程是各专业在进行大量的企业调研，确定专业人才培养目标和专业特色后开设的最能体现该专业特点、最能反映专业对应岗位（或岗位群）最核心的理论知识与实践技能为内容的主要课程。通过学习这些课程，本专业的学生可以掌握必需的专业基本理论和专业核心技能，最终学生将提升其自身分析、解决专业范围内实际问题的能力。此外，开设此类核心课还有益于让学生了解本

---

① 范美英．授课视角下谈和谐高职师生关系的构建[J]．老字号品牌营销，2020（8）：85-86．

专业的前沿技术和发展趋势，使其提前开拓职业视野，规划职业生涯。习近平总书记曾说过：“扎实的知识功底、过硬的教学能力、勤勉的教学态度、科学的教学方法是老师的基本素质。”对于专业核心课程老师来说，只有通过科学的教法，运用恰当的教学途径，坚持以学生为本，才能较好地向学生传授技能。在专业核心课程的修习过程中，老师如果乐于钻研、摸索，潜移默化中学生也会积极效仿，勤于练习、试错。和谐的师生关系应运而生，久而久之，学生还会养成具有自主学习的习惯，学会规划自己的专业、事业和人生，在拥有高素质的基础上兼备高技能。

（三）解惑与切磋

职业素养类型课程旨在通过学习加强学生的人文素质教育，使学生具备良好的职业通用能力，使得高职院校的学生角色能够从“学生”转变为“准企业人”，最终让学生把谋生的现实和人生的理想结合起来。职业素养缺失，会导致学生在社会能力方面有所欠缺，如人际交往能力、协调分析能力、领导组织能力、创新学习能力等方面存在缺陷；还会导致学生在方法能力不健全，如观察能力、记忆能力、思维能力、想象能力等方面不够完备。在授课过程中，老师需要以典型工作岗位的核心工作过程为内容，以“能力本位”为价值取向，实施体验式教学。通过运用“体验”“理解”“沟通”“反思”的教学模式，引导学生针对设计的教学场景进行探究和反省，进而促进师生共同发展。这种情况下，学生通过亲自实践体会解决问题的方法和关键，通过与老师探讨切磋去理解方法背后的理论，通过教学中的反思环节学会复盘，进而成长为一名合格的“准企业人”。

二、高职院校课堂教学师生关系现状

（一）缺乏紧密联系

纵观许多本科院校的师生显著存在各自为政的局面，教师教学管理程度不够严格，学生听课态度不够积极，而这一现象在高职院校中更为严重。很多教师在上课的时候对于学生们的管理存在严重松懈的现象，要么不点名，要么点名管理不严，部分学生迟到也没有记录，在学业考试之际也没有针对学生缺课而进行计分，导致学生对于缺课早已变得习以为常，学生即使在课堂上，也戴上耳机玩手机、打游戏，或者干脆在教室睡觉，很多教师也因为不管不顾、自讲自课，导致学生不认真听课、轻视教师的现象时常发生。这样一来很难在课堂上构建和谐的师生关系，教师也懒得与学生进行接触，久而久之两者之间的沟通交流也将会变得越来越少，不利于教师与学生之间教学相长，更不利于学生群体的全面性发展。

（二）学生综合素质不高，缺乏敬师观念

部分高职院校的学生自律性较差，纪律散漫，听课松懈，导致教师也不再主动、积极地去管理学生，这样一来学生们将更加放纵自我，遇事不计后果，在许多事情的抉择上明显缺乏考虑，导致这些学生的心理素质变得越来越差。很多学生虽能很方便地获取知识，但是缺乏整理能力，不会将这些知识系统化并加以吸收，导致其知识体系的形成产生一定的障碍，再加上很难认同教师，使这些学生也较为缺乏敬师观念。许多高职院校的教师多以青年教师为主，这些教师缺乏一定的教学经验，更因为年龄与学生相差不大，镇不住学生、管不住学生，就干脆不管。在教学中更多的是讲授知识，没有结合学生的实际状况去进行施教，更有许多年纪较大的教师，尽管具有一定的教学经验，可随着时代的发展，这些教学经验也不再适于当下时代所需。现阶段教育讲究尊敬学生个性化发展，但个性化发展并不意味着对学生不管不顾，更不意味着自讲自课。“教书与育人相统一”的缺乏，是高职院校教师需要共同面对的问题之一。

（三）师生互动稀少

高职院校师生之间的互动关系多以课堂互动为主，师生私下交

流的现象十分少。很多学生甚至在教室外碰见教师都视而不见，不与教师打招呼。而教师由于所执教的班级众多，加上课堂互动较少，对于许多学生没有足够的印象，校园内教师与学生各走各路、互不打扰的现象十分多。整个学期，教师与学生之间的互动次数屈指可数，这样的师生互动形式与交往模式往往极为不利于师生和谐关系的构建。

三、高职院校课堂教学中师生关系的影响因素①

（一）教师方面的影响因素

高职教育是强调职业特点的一种高等教育，高职教师更应该不断加强自身职业道德修养和职场实践能力，尊重和关心学生，以激发高职学生的求知欲，把学生培养成职场需要的高素质技能人才。

1. 教师的教学技能和专业水平

当被课题组问道“你喜欢什么样的教师”时，91.2%的学生选择了“专业能力强，教学生动有趣”这一选项。在学生访谈中，谈及本校自己最喜欢的一位教师时，学生无一例外地谈到喜欢的某位教师专业知识丰富，教学水平高，采用线上线下结合的教学形式，教学方法生动有趣，更能满足学生个性化学习需求。教学是师生双方互动的过程，师生关系融洽有助于教学活动顺利进行。“互联网+”环境下的高职教学活动中，教师不仅是知识的传授者，还是技能训练的组织者和职场活动的引导者，这就对教师的教学技能和专业能力提出了很高的要求。当前“互联网+”的高效的课堂能让学生感受到教师的亲和力和魅力，进而促进和谐的师生关系良性循环发展。

2. 教师与学生交流的频率与深度

在谈到师生的沟通频率时，88.1%的教师和83.6%的学生选择在需

---

① 孟亚娟.“互联网+”时代高职院校师生关系现状调查与分析[J]. 浙江交通职业技术学院学报，2019，20（4）：86-89+94.

要时会与对方沟通，10.5%的教师和 2.9%的学生选择会专门抽出时间与对方沟通。有 7.4%的学生表示几乎从不与在校教师进行沟通。关于师生沟通的内容和方式，81.2%的学生认为沟通内容主要是学业方面，77.9%的学生表示沟通主要通过微信和 QQ 等在线进行。63.8%的学生认为教师对学生是一视同仁，而 94.0%的教师认为自己对学生一视同仁。在回答“你在该校的学习、工作和生活中遇到困难，首先会找谁帮助你？”时，只有 9.1%的学生选择了“教师”，另外 23.5%的学生认为在校内难以找到合适的教师倾诉。通过调查分析发现，部分教师与学生的交流趋于表层化，交流多限于网络，缺乏常态化、深层次的沟通。高职院校教学班级人数多（一般 40 人左右，合班课 80 人左右甚至更多），教师的课堂和课外关注点主要集中在表现最好和表现最差的学生身上，呈现哑铃状分布，教师对大多数普通同学的关注较少。在阻碍教师与学生交流的主要因素上，有 48.8%的教师选择了“太忙没时间”。

3. 教师平等对待学生的观念

“你喜欢什么样的教师”一题，有 87.2%的学生选择了“十分尊重学生、平易近人的”，有 92.1%的学生选择了“理解、关心学生的”。在访谈中，多数教师都委婉地表示，随着“互联网+”的发展，教师不再是知识权威，部分学生课堂学习意愿不强，对教师态度比较冷漠。因此教师主动亲近学生的动力不足，热情不高。敏感的高职学生必然能体察到教师对自己的看法而远离教师，部分沉迷于网络的学生甚至对教师产生敌对情绪。在“互联网+”时代，和谐的高职师生关系是平等的、相互促进的关系。高职教师在课堂内外如果能注意对学生的感情投入与积累，像朋友似的平等地对待学生，多与学生一起活动，多赏识鼓励学生，用“学生的眼光”去看待，用“学生的情感”去体验，正确引导学生合理经营大学生活，一定会得到学生的认同和尊重，从而促生和谐的师生关系。

4. 其他影响因素

从课题组的调查中发现，47.1%的学生最喜欢青年教师，41.2%的学生最喜欢中年教师，1.7%的学生最喜欢老年教师，只有 10.0%的学生认为师生关系与年龄无关。这是因为青年教师的年龄与学生年龄比较接近，共同语言较多，对新事物接受较快，熟悉互联网等新媒体和新技术。而中年教师教学经验丰富，教学技能运用熟练，另外，作为高职院校的骨干力量，中年教师有更多外出学习的机会，比如参加学术会议、企业顶岗实践和院校之间的交流等，教学自然也就可以跟上“互联网+”的步伐和企业的岗位需求。在学生访谈中得知，由于当前高职院校重视课堂教学质量和评教分数，把来自学生的评教分数作为教师教学质量的重要参考指标。极个别教师为了在学生评价教师的考核中取得好成绩，开始毫无原则地迁就学生甚至讨好学生，这势必成为构建和谐师生关系过程中的一个极其不和谐的因素。

（二）学生方面的影响因素

当前，我国的高等教育已经进入大众化教育，但高职院校的学生入学前多数为成绩中等甚至偏下的学生，普遍存在学习动力不足、缺乏自信心、情感丰富敏感和急功近利等问题。

1. 学生的学习主动性与自律性

在回答“结束一个学习任务，你一般是什么样的感受？”时，68.8%的学生选择“按部就班，感觉平淡”（见表 4-1）。从这些数据可以看出 14.6%的教师在教学组织中受到打击，他们的工作热情和成就感不高，进而会直接影响师生关系。究其原因，信息网络的发达与便捷削弱了教师的权威和学生参与教学活动的积极性。部分高职学生自律性和学习主动性相对较差，有些线上教学设计不合理，教与学行为的分离，使教师的教学活动平淡无趣。

表 4-1 结束一个学习任务的师生感受 （%）

感受	学生选择	教师选择
愉快，有成就感	9.6	14.5
按部就班，感觉平淡	68.8	28.2
努力振作但有时无奈	17.3	42.7
沮丧，有失败感	4.3	14.6

2. 部分学生的自卑感和消极态度

当被课题组问道“你觉得高职教师应该扮演哪些角色？”时，93.6%的学生同时选择了“知识的传授者”“职业的领路人”和“朋友和知己”。但是在访谈中被问“怎样建立良好的师生关系或建立良好的师生关系你能做什么？”时，多数学生无从回答，少数学生只有“尊重教师”四个字。高职学生入学时年龄大多十八九岁，心理上渴望“自我”，但学业上的“差生”的角色产生心理上的自卑感，导致师生互动中处于被动地位。即使心向往之而束手无策。在“你希望建立怎样的师生关 系？”一题中，有 37.1%的学生选择了“无所谓”。原因主要有两个方面，一是高职院校的学生普遍基础薄弱，学习积极性不高；二是少数学生沉迷于网络，不在乎在现实生活中与人交往，也就更不在意师生关系的建立。个别学生在之前因与教师不愉快的经历从而消极对待师生关系，甚至有抵触情绪。

3. 少数学生的功利主义思想

“你会为了当学生干部、入党或评定奖助学金刻意讨好教师吗？”这个问题，13.5%的学生选择了“会”。在考试压力、就业压力以及师生关系利益化观念的影响下，少数学生的功利主义倾向越来越严重，在师生关系中表现为：为了达到自己的利益和目的，刻意接近部分教师而不太尊重其他的教师；考试前后有意讨好任课教师而与其他时间对教师的态度差别明显。这势必会影响和谐师生关系的构建。

四、高职院校课堂教学中师生关系重构路径①

良好师生关系的构建对教学效果有着重要影响，以哲学主体间性理论来引导教学实践的开展，重新构建当前课堂师生关系的模式，把教学置于对“人”的理解之上进行，使得教学过程中的师生关系发展成和谐、共创、共生的关系，以此来促进师生双方共同发展。

1. 路径一：授以实之技艺，融以情之关怀

以马斯洛的需要层次理论来看，每个人都有自我实现的需要，而需要层次的满足又与多方面的评价相关，学生的需要与教师的教学内容以及对待学生的情感态度也是密切相关的。首先，以新的教学理念指导学生的发展，实现师生之间知识与情感的双重交流。教学中帮助学生自我成长并且形成正确的自我认知，达到课堂教学中学生能够掌握实质技艺。其次，关注学生的心理层面，教育过程中以关怀和鼓励为主，注重学生健康人格发展，让学生体会到师生交流的乐趣，增加师生互动，营造一个温馨和谐的课堂教学环境，实现师生精神间的交流，让学生体会到关心和鼓励，实现教学意义。随之而来的互联网也不断冲击着师生关系，使得师生间情感淡化，在线联系成为师生交流的主要途径，实际间的交流不断减少。主体间性的师生关系是建立在师生间民主、平等、相互理解和信任的基础上，在“互联网＋”时代，更应重视师生关系的发展，使之升华，而不是倒退。教学活动中，尊重学生的人格，重视情感的表达和传递，让学生感受到关心和鼓励的真情实意，实现教学过程中的人文关怀。

2. 路径二：教以相互信任，学以共同成长

教与学是课堂教学的两个方面，只有良好的师生合作，才能够实现课堂教与学的真正价值。课堂中教师要鼓励学生尝试，要信任学生有完成特定教育教学任务的能力。教师应成为一位顾问、交往意见的

---

① 匡文凯．主体间性：课堂教学师生关系的重构[J]．河北广播电视大学学报，2020，25（4）：84-87.

参加者、矛盾的化解者，而不仅仅是知识的展示者，这样才能充分了解学生，构建民主平等和谐的师生关系。而学生作为另一个主体，能有效提高学习的积极性，改变以往被动学习的状态，把学习看作与教师情感交流的途径，使得教师和学生能够共同成长，实现教学师生之间的“教学相长”。教师与学生的关系更多的是一种交互性的关系，这种模式有利于提高教学的有效性，在相互理解和尊重的基础上才能加强彼此间的有效沟通，建立良好师生关系。

3. 路径三：引以学习兴趣，动以交往探究

当今教育背景下，信息获取渠道多元化。教师需引发学生主动学习的精神，把教学当作师生之间信息交流的方式，以此来盘活课堂中的师生关系。根据学生的情感动机需求，激活教学引线，使学生于不知不觉中感受到学习的乐趣，提升教学效果，在“动”中进行学习交往，互动互助。有效的教学是师生共同学习的过程，以自由探究的方式，培育学生的创新精神和实践能力，提升学生自主学习以及主体实践的动力。教育蕴含尊重理解，才能形成良好的互动，在沟通的基础上实现教学的深度理解，在心灵和谐交融的原则中进行对话型教学，引以兴趣，动以交互学习，实现对知识、素养等多方面双主体的发展。在“引”“动”中进行学习交往，相互探究，主体间性师生关系作为一种交互性兼容的过程，以不同的方式促进师生深入沟通，加强彼此对独立交往人格的理解，认识彼此独特的生活经历，实现对话型师生关系。

“亲其师，信其道”，构建和谐的师生关系，离不开学生的努力，但更需要老师的修行。《左传》中说：“大上有立德，其次有立功，其次有立言。虽久不废，此之谓不朽。”唐代学者孔颖达在《春秋左传正义》中对“立德、立功、立言”做了进一步的阐述：“立德，谓创制垂法，博施济众……立功，谓拯厄除难，功济于时……立言，谓言得其要，理足可传……”在教育教学中，老师要表现出乐于献身专业、献身科学、献身祖国的道德情怀；要展示出与时俱进、精益求精、勇于探索和实践的立功精神；要体现出兼具国际视野与文化自信的立言风

格。拥有崇高的教师情怀和职业精神是老师言传身教的根本。在授课过程中，和谐的师生关系体现为教学相长。老师要坚持教书和育人相统一、潜心问道和关注社会相统一；要坚持言传和身教相统一，与学生共燃式授业；要坚持学术自由和学术规范相统一，共进式解惑。在这样和谐的关系中，教师在成就学生的同时也成就了自己。①

第二节　工作室教学模式中和谐师生关系的构建②

《国务院办公厅关于深化产教融合的若干意见》提出："鼓励企业依托或联合职业学校、高等学校设立产业学院和企业工作室、实验室、创新基地、实践基地。"《国家职业教育改革实施方案》规定："建立国家技术技能大师库，鼓励技术技能大师建立大师工作室。"可以说，工作室是高职院校开展教学工作和落实立德树人根本任务的重要场域，更是深化校企合作、加强产学研结合，落实技能培养的有益探索。高职院校工作室教学模式借助于"工作室"的物理空间，学生在学校老师或企业技术专家的指导下，通过观察、讨论、实践、反思等方式，获得专业技能和职业素养。但是，工作室又不同于传统意义上的教室，它既是一个完成学习任务和工作任务的空间，又是教师和学生的生活空间。因而，高职院校工作室具有融合性、开放性、互动性、可选择性等特征，这种教学模式中的师生关系也具有特殊性。上海工艺美术职业学院刘素芹、上海农林职业技术学院蔡红通过分析高职院校工作室教学模式中师生关系的实然样态及其实践价值，借用隐喻分析的理论工具，通过开放式访谈，对高职院校工作室中的老师进行访谈调查，通过老师视角的回答探究高职院校工作室教学模式中的师生关系的存在样态，进而为优化高职院校工作室教学模式提出相关的对策建议。

---

① 范美英. 授课视角下谈和谐高职师生关系的构建[J]. 老字号品牌营销，2020（8）：85-86.

② 本节参考刘素芹，蔡红. 高职院校工作室教学模式中的师生关系：多重隐喻分析[J]. 中国职业技术教育，2020（20）：81-86.

一、关于工作室中师生关系的研究

早在20世纪80年代，工作室制教学模式就开始在中央工艺美术学院、湖南大学等本科院校兴起。后来，工作室教学模式逐渐被300余所设有艺术设计专业的院校采纳。在职业教育领域，无锡商业职业技术学院、浙江工商职业技术学院、宁波城市职业技术学院、湖南工艺美术职业学院、上海工艺美术职业学院等也采用工作室制教学模式开展教学改革并取得明显成效。在具体实践上，教学内容项目化、学习情境职业化、学习成果社会化，通过开放式教育、项目式教育，改变传统形式的课程教学模式，加强师生之间的互动，提升师生专业水平，加强学生适应社会的能力，推动高职院校发展校企合作的办学模式。因而，工作室教学模式在功能上能实现“学（教师教学）、赛（学生竞赛）、研（项目研发）、培（技能培养）”四位一体，在目标上能满足“学校有工、教学融工、学生会工、教师能工”的培养要求，近10年来，一直受到职业院校的热捧和推崇。在经历了“教师工作室—双师工作室—企业工作室”的发展阶段变化之后，如今，高职院校工作室模式已经从教学模式走向人才培养模式，见表4-2。

表4-2　工作室模式的发展阶段与特征

发展阶段	场地名称	建立场地	负责人	典型特征
第一阶段	教师工作室	校内	校内教师	模拟项目为主，真实项目较少
第二阶段	双师工作室	校内或校外	校内教师或企业技师	模拟项目为主，真实项目较少
第三阶段	企业工作室	企业或校内	校内名师或企业名匠	真实项目，情景与应用

经过多个阶段的发展，如今，高职院校工作室教学模式中教师和学生的关系已经不同于传统教学模式中的师生关系，主要表现在以下几个方面。一是师生比有着明显的差异，工作室教学模式中的师生比高于传统教学模式；二是师生关系亲密度有明显差异，工作室中师生

亲密度强于传统教学模式；三是师生相处空间范围缩小，从流动教室到专属的独立相处的工作室；四是师生关系的维系物明显不同，传统教学依赖于知识传授，而工作室模式则可以依靠情感与工作关系维护；五是师生维系关系的路径有所差异，传统教学模式中，师生之间关系维护更多是单向的，但是在工作室模式的教学中，师生之间的工作任务的关系往往是双向互动的。

二、师生关系隐喻以及分析框架的构建

隐喻是指在两个相关事物或关系中，通过对“彼事物”或“彼关系”进行描述，来解释“此事物”或“此关系”的内涵意义的一种方法。隐喻不仅仅是一种语言的修辞方式，更是一种思维方式。“教育隐喻不仅是一种语言现象，也是一种文化现象，它是人们心灵感受和意象的直接表达，是一种感悟体验和想象创造的方式。”师生关系的隐喻则多表现为教师、学生身份的隐喻。按照教师的作用，正面的隐喻中，教师是“灵魂的工程师”“辛勤的园丁”“路标”“摆渡人”“梯子”“拐杖”“乐队指挥”“球队教练”；按照教师职业性质，教师是“蜡烛”“春蚕”“孺子牛”“太阳”；按照教师的能力与知识结构，教师是“一桶水”“万金油”“百科全书”等。与教师隐喻相伴随的就是学生的身份隐喻，例如“祖国的花朵”“祖国的未来”等。师生身份的隐喻不仅是师生关系的形象化表征，更是教育观、教师观、学生观、发展观等不同观念的多样化表达。事实上，中国传统的师生关系具有伦理性、工具性、等级性的特征。在传统学徒制中，职业教育的师生关系既表现出了“等级性、契约性、雇佣性”等特征，又体现出较强的“亲密性、情感性和道德伦理性”。在现代职业教育体系中，师生关系则不同程度地出现了“利益导向的功利取向师生关系、主体流动性及人文性矛盾下的弱情感关系、界限模糊的权责划分关系”等问题。甚至可以说，非对等性才是师生互动关系的现实表达，这种非对等性师生关系的偏正结构表现为协调、训导、非对称博弈和顺从四种基本类型。根据陈向明对

教师作用的隐喻分析[①]，从几种典型的教师身份隐喻出发，建构师生关系的分析框架。如图 4-1 所示，从隐喻的理论分析出发，高职院校工作室教学模式中的师生关系在本质上是在学生学习与成长过程中教师作用的体现。但是，每一种教师与学生身份的隐喻往往又包含着不同的教师观、学生观、学习观、学校观、教育观，这些要素会不约而同地影响师生关系中的教师作用方式，进而会形成不同的师生关系。因此，基本分析框架就是“多元身份隐喻—核心教育观念—教师的作用—师生关系（类型）”。

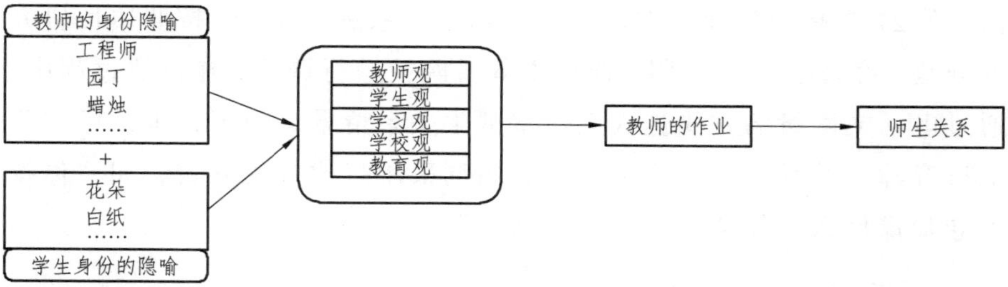

图 4-1　师生关系隐喻分析框架

三、高职院校工作室师生关系的实证研究

（一）研究目标和假设

研究目标主要有 3 个，一是通过实地访谈，收集一线的资料，获得更多关于高职院校工作室教学模式中师生关系的隐喻；二是通过对高职院校工作室教学模式中师生关系隐喻的编码分析，明确当前高职院校工作室教学模式中师生关系的实然样态与现实问题；三是基于访谈调查和数据分析，提出优化高职院校工作室教学模式中师生关系的对策建议。因此，基本假设主要有 3 个，一是高职院校工作室教学模式中，教师与学生的身份关系存在着特殊的隐喻，这些隐喻主要通过师生身份体现出来；二是高职院校工作室教学模式中师生身份的隐喻

① 陈向明．教师的作用是什么——对教师隐喻的分析[J]．教育研究与实验，2001（1）：13-19.

反映了不同类型的师生关系，这些关系反映了不同的教师观、学生观、学习观、学校观、教育观与教师作用；三是通过对高职院校工作室教学模式中师生的调查研究，可以探明高职院校工作室教学模式中师生的优化对策。

（二）数据收集过程

1. 方法选择与情境进入

调研采用开放式访谈的形式，通过面对面交流或者网络沟通的办法，在 27 个高职教师工作室中开展师生关系进行调研。按照质性研究的规范，经过多方面协调，选择了 6 所院校进行调研，在调研过程中，通过电话或网络的方式进入工作室师生关系情景。为了让被试更准确地形容师生关系，访谈提纲的核心用词采用打比方的方式，如“你觉得老师像什么？你觉得学生像什么？”

2. 研究对象与工作室分布

经过前后一个月左右的协调和努力，完成了对 6 所院校的 27 个工作室的教师调研。其中，院校类型有艺术类高职和普通高职两个大类，主要涉及的专业为艺术类、电子信息、数字媒体、机械工程等。具体内容见表 4-3。

表 4-3　研究对象

序号	院校	工作室	工作室数量
1	上海工艺美术职业学院	版画工作室	14
		玻璃工作室	
		产品设计工作室	
		德国传统工艺和可持续发展材料应用性创意大师工作室	
		雕塑工作室	
		动画工作室	
		工业设计工作室	
		公共艺术专业工作室	

续表

序号	院校	工作室	工作室数量
1	上海工艺美术职业学院	漆艺工作室	14
		商业空间工作室	
		生活科技产品设计工作室	
		首饰设计工作室	
		陶瓷工作室	
		影视多媒体工作室	
2	上海工商职业技术学院	首饰工作室	1
3	上海电子信息职业技术学院	3D打印创新工作室	8
		半城工作室	
		创新协同工作室	
		乾灵工作室	
		人力资源管理工作室	
		首饰设计工作室	
		数控创新工作室	
		自动化创新工作室	
4	南京工业职业技术学院	奔程电子创新工作室	1
5	广州番禺职业技术学院	首饰设计工作室	1
6	上海邦德职业技术学院	环艺工作室	2
		钢琴调音工作室	

3. 数据整理与编码过程

数据收集之后，首先，确定高职院校工作室教学模式中师生隐喻的总个数，分析访谈结果发现，调研一共收到了39个回复（部分老师给出了两个隐喻），去除了6个无效回复，共收到33个有效隐喻。其中，认为师生关系是师徒关系的工作室教师有8位，占比24.24%；而其他25名教师给出了25个隐喻，几乎没有完全一样的描述。其次，对所有的隐喻进行分类，一是对隐喻词汇进行分类，意义相近的隐喻合并为一类；二是对隐喻所包含的师生关系进行分类，相似的隐喻合并为一类。最后，根据隐喻词汇提取、隐喻词汇分类和隐喻关系分类，进行带有数据的三级编码，进而提取和归纳出高职院校工作室教学模式的师生关系类型。

（三）信度、效度与理论的饱和度

1. 信度

由于访谈的对象和数据并不多，数据编码全部采用人工编码，在主轴编码和选择性编码的过程中，主轴编码主要参照了高职院校工作室教学模式的运行情境，编码过程一致性相对较好。为验证各环节的编码一致性，研究者分别在上海市教育科学研究院和华东师范大学找了一位职业教育专家进行了二次编码，三次分散的编码结果一致性为 0.73。所以，高职院校工作室教学模式中师生隐喻的编码信度可观。

2. 效度

质性研究的效度分析要通过大量的文本资料交叉对比，判断资料的真实性（authenticity）与可类推行（generalizability）。在高职院校工作室教学模式师生隐喻的编码与类别建立过程中，在理论上借鉴了陈向明教授的教师隐喻分析理论，在情境上考虑了工作室模式的运行实际，在逻辑上从师生关系的层次进行编码整合，逻辑清晰，内容可靠且维度划分体系比较完整。因此，编码的效度良好。

3. 理论饱和度

在完成第一次编码后，初步确立了“授艺—学习”的传统师徒关系、“养育—成长”的亲密情感关系、“领导—合作”的战略伙伴关系、“指引—跟进”的共同发展关系等4类师生关系。之后，研究者又在上海工艺美术职业学院进行了3次访谈，额外数据的加入，不再产生新的范畴和编码，实现了理论饱和。因此，在高职院校工作室教学模式的情境中，以上 4 种类型的编码具有理论的饱和度。

四、高职院校工作室师生关系实证研究结果分析

（一）高职院校工作室教学模式中师生关系的存在样态

从访谈数据的编码可以发现，高职院校工作室教学模式中师生关系的存在样态主要有“授艺—学习”的传统师徒关系、“养育—成长”的亲密情感关系、“领导—合作”的战略伙伴关系、“指引—跟进”的共同发展关系 4 种，4 种师生关系类型映射着不同的教师与学生身份隐喻。在常见的师生关系中，“授艺—学习”的传统师徒关系是最主要的师生关系。正如访谈中 A 教师所言：“师傅领进门，修行靠个人。”在这种师生关系中，教师多是“师傅”的角色，学生多是“徒弟”的角色。“养育—成长”的亲密情感关系是在高职院校工作室教学模式中形成的一类特殊师生关系，因为长时间的相处、交流和帮助，形成了亲密的情感依附关系，正如 B 老师所言：“一日为师，终身为父。”第三类关系是“领导—合作”的战略伙伴关系，在高职院校工作室教学模式中，师生之间因为共同的项目和任务，在完成任务的分工合作中，形成了教师领导，学生配合的合作模式，在部分工作室流传着“跟着老师走，要啥都有”的口号。最后一种是“指引—跟进”的共同发展关系，高职院校工作室教学模式中，师生之间不仅有情感、物质和利益的交流、共享与合作，还有志趣、理想和方向上的共鸣共振，师生之间形成了高阶段的“共生共荣”关系，也正是“成就着你的成就，快乐着你的快乐”。

（二）高职院校工作室教学模式中师生关系的辩证分析

高职院校工作室教学模式的师生关系是特殊的、复杂的，也是更亲密、更专业和更加社会化的，但是，这些师生关系类型需要辩证的审视。“授艺—学习”的传统师徒关系有助于树立教师的权威，培养师

生之间的默契关系，但是，这种刻板的知识与技艺传授并不利于学生的个性化、自主性成长。“养育—成长”的亲密情感关系虽然比“授艺—学习”更加增进了师生之间的情感交流与亲密程度，但是，这种关系容易导致学生对教师的依赖，并不利于学生学得真实的技能技艺。“领导—合作”的战略伙伴关系虽然在业务技能和经济收益上对教师和学生的帮助很大，但是，这种过于商业化的师生关系可能会影响学生的价值观与学习行为，让学生过早地社会化，并不一定对所有的学生有所帮助。“指引—跟进”的共同发展关系看起来非常完美，但是，这种关系模式的实现需要教师有特别高明的智慧，学生有极强的领会能力、执行能力与自律精神。不仅如此，4 种师生关系之间，也没有绝对的优劣之分，只有当某一类师生关系运用到具体的教学情境中，才能发挥其相应的比较优势（图 4-2）。

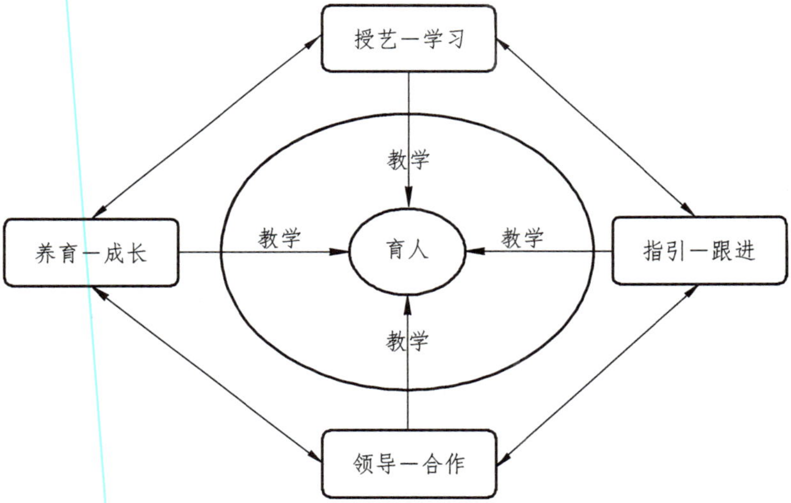

图 4-2　四种师生关系之间的相互关系

从高职院校工作室模式的教学生态来讲，可能是多种师生关系的组合才能达到最优。因此，每一种师生关系类型存在着自身的优点与缺点，不同类型的师生关系之间也没有绝对的优劣之分，需要进入具体的教学情境中，选择和运用不同类型的师生关系。

（三）高职院校工作室教学模式中师生关系的相互作用

高职院校工作室教学模式中的师生关系不仅在优势与劣势上没有绝对的区分，甚至于在关系类型的典型特征和适用情境中，不同师生关系的模式是可以相互作用、相互转化的。首先，“授艺—学习”的传统师徒关系、“养育—成长”的亲密情感关系、“领导—合作”的战略伙伴关系、“指引—跟进”的共同发展关系之间并无绝对的分割接线，从师生身份隐喻中归纳出的 4 类师生关系也只是在常规的教学模式中，师生关系的具体特征表现得更明显，“授艺—学习”表现出更多的技艺传授，“养育—成长”呈现出更多的情感呵护，“领导—合作”外显出更多的业务合作，“指引—跟进”体现了更多的精神引领。其次，在高职院校工作室教学的实践中，并非某一种师生关系在发挥作用，而是“你中有我，我中有你”，相互交织、相互协作，共同致力于课堂教学的实施与推进之中，共同服务于工作室教学的需要，最终致力于实现“立德树人”。最后，当特定的教学条件和支撑条件成熟，4 种师生关系的典型特征可能会发生变化，因此，4 种典型的师生关系可以在具体的高职院校工作室教学模式中相互转化。

高职院校工作室教学模式中的 4 种师生关系的形成受学校、教师、学生等多种因素的影响。在学校层面，资源保障是高职院校工作室教学模式运行的必要条件，也是优化高职院校工作室教学模式师生关系的重要基础。学校通过加大财政资源投入，配置工作室设备，优化工作室环境，完善工作室教学模式制度，为师生活动、师生关系提供外在的生态空间。在教师层面，教师的教育理念及专业能力，对师生关系有重要影响。在未来工作室教学模式师生关系的优化中，首先，要变革教师理念，打造“以人为本”的高职院校工作室文化，教师要抛弃年龄属性的偏见，和学生打成一片，营造工作室“家文化”氛围。其次，在专业能力上，教师应着力提升自己对行业前沿的把控及技能示范的能力，提升教学的有效性，另外，教师应提高自己对行业企业资源整合的能力，通过整合行业企业、行业企业能工巧匠、职业院校专家等资源，发挥工作室工学一体的桥梁作用。最后，在学生层面，工作室的教学模式会转变学生的学习方式，对学生来说，如何自我定位，通过“师傅”“导师”“老板”，实现自己从“学生”到“职业人”的身份过渡，是他们在新时代工作室师生关系中需要思考的问题。

第三节　云课堂教学中和谐师生关系的构建

随着“互联网+”教育的不断深入与发展，教育信息化越来越受到人们的关注和重视。《中国教育现代化 2035》第八项战略任务“加快信息化时代教育变革”要求：建设智能化校园，统筹建设一体化智能化教学、管理与服务平台。利用现代技术加快推动人才培养模式改革，实现规模化教育与个性化培养的有机结合。当前，云课堂教学形态是信息技术在课堂教学广泛应用中不断催生的产物，它不仅有效地提高教学质量，还影响一定的师生关系，良好的师生关系有利于师生双方的健康发展以及教学活动的顺利开展。从云课堂教学视角出发，深入探讨在该教学形态下师生关系的特点、揭示云课堂教学中交互形式的师生关系，从而有效构建新型师生关系，为我国当前师生关系的基本理论与实践提供启迪。[①]

一、云课堂教学特点

云课堂与传统课堂采用“教材、教辅预习+课堂讲授”的模式不同，其采用“线上自主学习+课堂合作探究”模式，课前线上自主学习是指学生学习教师提前制作的教学课件、教学视频和相关的教学素材以及课堂练习等教学资源，其内容多为基础性的知识；而课堂合作探究内容具有一定难度，学生需要在教师的引导下深层次的加工理解

---

① 张铭芳，周先进. 再探师生关系：云课堂教学的启示[J]. 教育导刊，2018（1）：63-68.

与探究，需要高阶学习。[1]该模式有利于合理调控课堂时间，促进学生对新旧知识的理解与应用。其次，云课堂教学是一种突破时空限制的同步教学和异步教学形式，这种形式强调从教学场所（空间）角度出发，如果教师与学生同时参与教与学，则为同步教学，如果师生之间独立施行教与学，即为异步教学。同步和异步教学形式可以把直接教学从集体学习空间转向个人学习空间，从而把集体空间转变为一种动态的、交互的学习环境，教师在学生学习过程中给予指导，使学生在虚拟环境的云课堂上获得更丰富、更有意义的学习体验。因此，基于以上认识，云课堂教学的性质主要体现在以下几个方面。

（一）主体参与性

主体参与是云课堂的本质特征，这里的主体参与是指师生共同参与。云课堂教学是在教师的组织和引导下，学生自主参与、小组合作探究及意义建构的过程。然而，以往以知识为本位的课堂教学是一种“教师本位”教学，即师讲生听、师问生答、师写生抄、先教后学。联合国教科文组织曾指出:“未来的学校必须把教育的对象变成自己教育自己的主体，受教育的人必须成为教育他自己的人，别人的教育必须成为这个人自己的教育。”云课堂教学采用自主学习和合作探究学习为主，首先，教师按照教学内容和教学目标，从互联网教学资源中筛选学习资源库，并制作高质量的教学计划，分享给学生，这种丰富的云资源，既满足不同学习个体的需要，促进学生个性化的发展，提高学习效率，又帮助学生对新的学习内容有的放矢。其次，学生通过自学并完成自测题，了解自己对基础知识的掌握程度，以便于在课堂中进一步理解和优化知识。可见，在云课堂模式下，学生可以自己把握学习节奏，掌握学习主动权，提高学习积极性。再次，学生在教师的前期指引下，借助云平台在课堂合作探究中，对学习内容不仅知其然，且知其所以然，并学会运用。在课堂中，教师依据学生在课前自主学

① 苏若菊. 翻转课堂重构教学的可能与维度[J]. 教学与管理，2017（2）: 15-17.

习的反馈结果，将学生的学习情况纳入课堂教学设计中，为学生的知识内化提供保障。最后，云课堂教学是以学生合作探究为主的教学形式，学生可以自主讨论教师提出的研究性问题，最终将讨论结果展示出来。有鉴于此，云课堂教学凸显了“学生学习为主，教师指导为辅”的教学形式，这有利于实现师生之间的主体间性。

（二）双向互动性

教师与学生的关系具有双向性和互动性，具体表现在：一是师生关系是互为因果的，教师怎样对待学生，学生就会怎样评价和看待教师。二是教师伦理的作用及其评价要通过学生来实现。因此，只有在人的各种关系与活动的交互作用中，人的发展才能实现，只有创建一种交往互动的过程，才能更好地促进生命的发展。在云课堂教学中，师生之间的双向互动性表现最为突出。首先，学生初步获取知识不占用课堂时间，课堂变成教师和学生互动、讨论探究的环境。其次，教师可以有针对性地对个别学生进行知识难点的答疑或辅导，学生之间也可以互相交流解答。最后，学生由传统的听众转变成参与者、组织者，教师由讲授者转变成辅导专家，成为学生主动学习的引导者，而且，云课堂教学的双向互动对教师的知识存储量、知识更新速度提出了新的考验，这势必促进教师的知识存储、更新与信息化的同步发展。

（三）虚拟生成性

云课堂是基于虚拟化技术，通过软硬件一体化设计的一种高效、便捷、实时互动的教学课堂形式。在虚拟的课堂教学环境中，采用知识建构与意义学习相结合，强调人际心理相容与沟通，充分利用课堂教学的生成性，使虚拟课堂与生成教学相辅相成。在云课堂教学中，其虚拟性与生成性过程具体表现如下：① 教师在创设虚拟的问题情境时，通过利用影视、在线网络把生活中不易展示的问题情境，形象地呈现出来，为教学中的师生、生生之间的交流、互动提供条件。② 学生凭借自己学习的主动性、生成性，达到教学目标的要求。由于师生的共同参与，师生、生生间的交互呈动态趋势，云课堂教学动态生成过程中的事件、问题、情境等将会与预先设计的教学方案以及其实施过程有一定的差距。因此，教师应充分注重课堂教学的生成性，以生成的观念来组织课堂教学，不断激发学生的学习兴趣、提高学生整体学习效果，积极促进课堂教学的和谐生机，使师生的生命力在课堂中得到充分的发挥。

二、云课堂教学中的师生关系

教学是基于师生交互的社会活动，教师和学生在交互过程中相互学习，共同提高，教学的有效性取决于师生交互的结果。同时，师生交互又在一定的环境中展开，技术条件也是取得良好交互效果的有力保障。然而，以信息技术为基础的云课堂恰巧为其提供了契机，在教育教学中，云课堂以电子白板、云书包等教育终端设备为辅助，充分实现在线课堂互动，这为课堂环节提供高效的应用服务。依托云课堂，可实现课堂内与课堂外相互动、校内校外相互动以及多主体共同参与互动等场景，师生的交互也呈现出多样性的特征。云课堂教学模式的出现，对传统的师生交互形式形成了新挑战。师生关系有何变化，如何在教师和学生身处异地的情况下，创设出能够体现师生个性、激发学生积极性，满足终身学习需求的交互形式，这应当是我们需要研究的焦点。

（一）师生交互行为主体关系

云课堂中的交互行为主体是指在虚拟的空间中，通过突破时空阻隔而进行多种方式的对话、交流与协作的参与者，那么，最为突出的主体即教师与学生。传统教学环境中的师生互动凸显了教师的主体作用，而云课堂教学环境中的师生互动则由教师主导转变为师生互为主导。具体表现在以下几方面。

一是平等对话的主体关系。后现代主义教育观主张消除师生之间的对立，建立一种平等对话的师生关系。师生平等对话的主体关系具体表现在以下几方面。其一，交互主体地位的平等。地位平等的师生关系是“我一你”的关系，即一种人格平等的关系，教师通过自身的知识素养、人格魅力赢得学生的认可，学生以良好的学习态度、求实创新精神博取教师的欣赏。其二，交互主体对话的平等。在师生对话中，平等对话是师生交往互动的前提，学习者和教师要处于一种平等的地位，交互活动才能变得顺畅。其三，交互主体评价机会的平等。师生共同拥有评价权，双方都有在教学课堂中行使教学评价的机会。

二是互信和谐的主体关系。互信和谐是师生交互活动的重要保障，师生之间需要相互信任，才能促进其和谐的关系。正如一研究者所言，和谐互信的师生关系中，教师和学生在人格上是平等的、在交互活动中是民主的、在相处的氛围上是融洽的。[①]

三是尊重理解的主体关系。师生平等对话的过程就是双方相互尊重和理解的过程，师生在教学过程中进行交互活动应形成互相尊重、互相理解的观念，才能实现有效的对话与沟通。因此，师生双方在云课堂教学相互探讨、交互过程中都是共存的主体，应相互理解，即使彼此存在差异性，教师也应重视学生的整体人格，同时，学生真诚地对待教师、尊重教师。那么，师生之间的交互也将呈现浓浓的师生情。

（二）师生交互强弱度关系

师生交互的强弱度泛指单位时间内师生交流互动的信息量、反馈的及时性、交互过程的投入程度、对交互信息的领悟程度等。[②]传统教学环境中的师生总体交互强度较大，在单位时间内所接收的信息量大，监控力度大，并且能够得到及时的反馈；云课堂教学环境中的师生总体交互强度偏弱，但师生交互途径不同，其交互强度也有所不同，具体表现如下：首先，当师生面对面交互时，师生之间往往能够通过面部表情（手势及眼神）、肢体语言（语言及动作）传递和反馈信息，

---

① 方芳．桃李不言下自成蹊：试论营建技工院校和谐互信的师生关系[J]．文理导航，2014（11）：3．

② 仝瑞．师生互动课堂教学情境探析[J]．天中学刊，2007（10）：79-80．

这种直观的方式能够及时理解和领悟对方所要表达的含义。其次，教师能够及时熟知学生的学习行为，并针对学生的反馈及时做出有效的调整。但是，当师生并非面对面交互时，想要达到面对面交互教学效果的难度较大，无论是视频交互、文字交互，或是论坛的交流互动，处在不同时空的师生都难以从面部表情、肢体语言等感官方面直接反馈信息，甚至容易出现领悟不准确而导致信息不对称的情况。然而，师生交互的强弱度与交互内容及交互的受益程度紧密相关，受益程度主要通过参与交互对象来体现。在传统教学环境中，师生互动的内容相对较少、交互时间有限、交互的接触面较窄，导致师生受益程度小。而交互内容丰富、交互时间依师生各自需求而定、交互接触面较宽的云课堂教学显然能够为师生提供较大的受益面。可见，师生交互强度越弱，其受益程度越窄；强度越强，受益程度越宽。

（三）师生交互时空变化关系

交互时空变化是指师生借助一定的通信媒介，不受时空的约束和限制，随时随地进行互动。传统教学环境中的师生交互形式以面对面为主，而云课堂教学的交互形式则借助云平台进行非面对面交互，其交互形式主要表现为时间、空间特征：第一，课堂内的教学交互与课堂外的社会交互。传统的教学环境中，师生处在同一地理位置的同一物理空间，通过语言、动作、手势及眼神等传递和反馈信息，进行言语或非言语的交往互动，无论是课堂内还是课堂外，师生之间以师讲生问、生讲师评的方式进行面对面交互。而以云课堂为主的新的教学形态，可以采用直接在线交流、视频通信交流以及论坛讨论的方式进行师生、生生间的交互。第二，同步交互与异步交互。师生同步交互是指师生之间能够随时随地进行交流互动，师生异步互动指师生之间所处的时间、空间的交互。传统课堂中的授课、课外交流，即一般意义上的实时同步互动，教师批改试卷或作业则属于异步交互。而在云课堂教学中，师生可以实现同步交互、同步和异步交互、异步交互三种交互方式。师生身处异地，通过通信软件与云平台可以实现语音、文字、视频同步交互；教师通过交互平台，将学生的提问一一进行总结，再反馈到论坛上，这种随时发生的交互形式为师生异步互动；以实现师生个性化需求为目标时，同步与异步交互可以相互交替，使交互主体能够及时适应不同的交互方式，有利于教师更好地教与学生更好地学。第三，学习者与学习内容的交互。学习者通过与以虚拟课堂、虚拟课桌为特征的学习界面进行交互，其交互的实质是学习内容的交互，具体说来，是学习者借助教学媒体对视频、文字、音频等教学资源进行师、生交往互动，可见，师生交互行为呈现时空动态变化关系。

三、云课堂教学模式对构建和谐师生关系的启示

在和谐的师生关系中，师生平等对话、互信和谐、尊重理解的交互关系对于实现教育目的和促进师生的成长至关重要。有研究者认为："教学的'交互'是教学活动最基本的特征之一，反映了现代教学的本质、师生交互主体性关系、人性化的追求和一种向上的课堂文化。"[①]然而，在当下的教学活动中，师生之间的交互性呈现出理想与现实的差距，师生关系和谐与否直接关乎教学活动的开展。因此，构建和谐的师生关系，才能更好地符合现代教育师生关系的价值取向。

（一）有的放矢，筑牢教育公平着力点，实现师生交互主体性

根据经济合作与发展组织（Organization for Economic Co-operation and Development，简称 OECD）有关报告中的教育公平定义[②]：教育公平有两个含义，第一个含义是公正（fairness），第二个含义是覆盖（inclusion），既要平等地对待每一位受教育者，又要保证每一位学生享有受教育的机会。因此，做到因材施教，使学生充分发展，是实现教育公平的一个重要方面。那么，在云课堂教学过程中，教师应从以

① 李长萍. 教学的"交互"品性及其实现[J]. 教育理论与实践，2008（7）：40-42.

② 陈自鹤. 教育公平：人类的理想诉求[J]. 天津教育，2013（2）：21.

下两方面来明了教育公平的意蕴。第一，教师应注重教育过程的公平。教师在给全体学生提供相对平等的受教育条件和公平对待的同时，应充分关照学生的个性特质，尽可能地满足学生的发展需求，做到因材施教。第二，教师应及时关注学生的发展动态。云课堂利用智能诊断和反馈系统，将学生的学习情况在“云端”更新，即学生对知识点的把握程度、能力发展状况以及潜力倾向等都以动态呈现。教师应针对每个学生的学习进展做出适时、恰当的调整，以便促进学生的发展。诚然，我们应该在保证教学公平的基础上，努力实现师生交互的主体性。平等、对话、尊重、理解的主体间性理论，要求我们应走出师生关系主客体论思维的禁锢，这为构建理想的师生关系指明了方向，有论者从主体间性的内涵阐述主体间性是对主体性的超越，它为师生之间的交互增加了有机连接教师与学生共同作用的媒介。要构建主体间性的师生关系，应从以下三方面进行思考。首先，以师生双方主体性为前提。主体间性的师生关系应确保师生互为主体，不可或缺。因此，教师应该充分尊重学生，积极促进学生的主观能动性，为他们提供丰富的资源和多样的选择空间;学生也应该多与教师进行情感上的互动，既维护师生关系又促成朋友关系。其次，强调师生双方主体的平等性。师生之间的平等要求双方平等地对待彼此，相互尊重，相互重视在教育过程中的主体地位，共同构建和谐的师生关系。最后，提高师生双方的交互性。要使师生之间产生主体间性的互动，应充分表现在教学活动中的共享，资源共享、经验共享、情感共享，在相互影响中，共展师生人格魅力。可见，云课堂教学借助现代信息技术手段，使因材施教的可能变为现实，切实地做到了既面向全体、兼顾差异，巩固教育公平目标，又营造了良好的师生关系。

（二）教学相长，促师生个性化发展，实时调控师生交互受益面

《礼记·学记》指出：“是故学然后知不足，教然后知困。知不足，然后能自反也；知困，然后能自强也。故曰：教学相长也。”教学是一

个过程的两个方面，两方面的交互，能够更好地促进彼此在这个过程中的情感交流，达到共识共享，从而实现教学相长。在云课堂教学形态下，教学方式发生变化的同时师生关系也发生了一定的变化，这些变化要求我们：首先，应该将“教”与“学”的变化促进师生个体的变化。在云课堂中，教与学不再一成不变、按部就班地进行，教师也不再是“一支粉笔一张嘴，三尺讲台度春秋”的形象，学生的成长是动态的、个性的，教师的发展也是多样的、独特的。教学方式的改变意味着教师应该深刻理解“教学有法、教无定法、贵在得法”的理念，具体问题具体分析，对学生进行多元化教学。其次，应该以课堂结构的变化来扩大师生的学习边界。以往的直接教学环节是在集体学习空间内，云课堂教学形态对教学进行改革，由集体转向个人的学习空间，因此，教师与学生有更多的自主学习空间，教师在不断引导学生独立自主学习的同时，也应该培养学生运用更高层次的思维进行应用和创造知识。在师生个性化得到发展的同时，师生交互的受益面也应不断依实际所需而做出相应的调整。课堂授课和课堂合作探究是云课堂教学过程中的两个核心阶段。那么，在课堂授课阶段，要实现教师与学生在教学活动中的互动，我们应该采用交互强度大且受益面大的交互途径，这既能有效地提高学生学习的集中注意力和关注度，又能在有限的课堂时间内传递更多的信息资源，实现教师对师生互动进行实时把握，进而提高教学质量。在课堂合作探究阶段，教师应采用交互强度较弱且受益面大的交互途径进行师生交互活动，适当的减弱交互强度，学生才有足够的时间吸收学习的内容，进而去思考和创作，实现知识建构和个性化发展。

（三）和谐交互，共享合作探究之果，提高师生时空交互成效

教学本质上是一种师生交往互动的活动，而平等对话是师生和谐交互的重要形式。和谐的师生关系既是师生交互活动的前提，也是师生之间合作探究的重要保障。师生在教学活动中的共同参与、共同合作是构建和谐师生关系的重要途径。鉴于此，教师应做以下努力：第

一，教师应该为学生搭建和谐的合作环境。云课堂改变了师生对教学的认知，云课堂不再是一个被动的、浮于表面的学习环境，而是一个主动、互动的环境，所有学生都可以在此获得帮助，并对自己负责。教师应该抓住这一环境的优势，努力为学生打造有利的合作环境。第二，教师应该创造更多的机会让学生合作，努力创造问答式学习环境。学生的角色发生了改变，通过与老师的密切合作，学生将逐渐从一个“坐在讲台下听讲”的学习者转变成一个与教师共同探究的合作者，教师提供更多的交流合作机会，才能激发学生共同参与的积极性。第三，教师应该指导学生学会合作交流。在云课堂教学中，只有组织学生组建合作小组，小组成员通过交流、协作共同完成学习任务，师生一起探讨知识，教师才能逐渐成为与学生互动交流、合作探究的伙伴。师生只有达成合作探究、和谐交互的共识，方能提高师生时空交互的成效。在云课堂上，教师与学生不再是独立地出现在交互过程中，而是交互行为的主体共同参与交互活动。因此，我们应从下述几方面加以努力：一是尽可能地提供多样化的沟通途径，供学生在课堂课外随时进行交互，消除师生交互途径障碍；二是在同步、异步交互中，学生需要更高的学习探究的自由度，教师应该减少对学生学习行为的主动干预，提高学生的主观能动性。三是提供充足的教学资源，学生通过与虚拟界面交互时，让学生在对学习内容的交互更有选择性和层次性，充分实现师生时空交互的有效性。在云课堂教学形态下，如何将教学媒体和交互方式进行综合运用，从而达到最优化的效果，提高教学质量，这将是一个新的问题；再则，教学媒介的变革不仅影响着师生交互的变化，也影响着“教”与“学”的变化，这些变化亟须我们进一步研究。

第五章 高职院校辅导员工作中和谐师生关系的构建

高职辅导员是高职教师队伍的重要组成部分，是大学生思想政治教育工作和学生日常管理工作的主要组织者、教育者、实施者，是思想政治教育的生力军，肩负着重要的使命。辅导员是高职思想政治教育的一线工作者，肩负着提高高职学生思想政治教育素质、培养其良好道德品质的艰巨任务；辅导员还需要对学生进行日常管理，包括对学生进行考勤、奖助学金评定、各种评优评先，处理各种违纪事情，传达学校各类通知。高职辅导员与学生之间的关系，是高职教育过程中最重要、最基本也是最经常、最活跃的人际关系。辅导员与学生和谐师生关系不仅能提高辅导员的工作效率，而且对于其“三观”的形成及其身心和个性全面发展具有巨大的促进作用，还将推动和谐高职院校的建设。因此，构建高职辅导员与学生之间的和谐关系非常重要。然而，目前高职思政工作中，真正称得上和谐的师生关系比较少，不和谐的现象却表现突出。比如，辅导员对学生冷漠，对学生不关心、不热情、不亲近，认为自己做的事情是吃力不讨好；学生对辅导员工作不理解、不配合、不认同，对辅导员评价比较低。如此恶性循环，导致高职思政工作不尽人意，教育效果不佳。

第一节　辅导员与普通学生和谐师生关系的构建

一、辅导员与学生和谐关系的内涵

辅导员与学生之间的关系是高职院校中一种特殊的人际关系，也是高职院校当中最基本的人际关系，是辅导员老师与学生在日常的正式与非正式交往过程中形成的，是辅导员对学生在思想、学习、心理、行为等方面的教育引导过程中，双方共同努力所形成的相互尊重、信任、平等，相互促进、共同成长的亦师亦友的和谐人际关系。

辅导员与学生和谐师生关系体现在两个方面：一是体现尊重、民主和发展精神的师生伦理关系。学生和辅导员老师作为“人”，具有同等的人格和尊严。二是建立在师生个性全面交往基础上的师生情感关系。辅导员与学生之间心理相互沟通、相互关爱、相互理解，使得师生的创造性得以充分发挥，性情和灵魂可以共同提升。

二、辅导员与学生之间关系类型

（一）辅导员与学生关系的类型

辅导员与学生之间的关系总结起来可以归纳为放任型、专制型、管理型、慈爱型和民主型等“五大类型”。

1. 放任型

辅导员对学生不管不问，放任自流，任其发展，随意、放纵、无序为此类型特征。

2. 专制型

利用老师的威严，对学生的管理以命令、威吓为主，不听从学生的解释，与学生之间从不沟通商量，命令、权威、服从、疏远为此类型特征。

3. 管理型

严格按照学院的管理制度对学生进行管理，要求学生严格按照管理规定执行，规范、严格、理智、遵从为此类型特征。

4. 慈爱型

对学生像母亲般一样进行管理，真挚、亲密、互谅为此类型特征。

5. 民主型

对学生的管理以一种开放的姿态进行，时常与学生沟通交流，与学生共商量、同谋划，开放、平等、互助理解为此类型特征。

（二）辅导员与学生和谐关系的类型

辅导员与学生和谐的关系主要有朋友型、欣赏型、关爱型、合作型、表率型等“五大类型”。

1. 朋友型

辅导员能够把学生当成朋友一样对待，学生与辅导员之间能够建立朋友关系，师生之间就是朋友般的友好关系。

2. 欣赏型

辅导员对每一位学生持欣赏的态度，寻找学生身上的优点、闪光点，对学生给予积极肯定、赞赏学生。

3. 关爱型

辅导员对每一位学生都富有爱心，对待学生一视同仁，真诚地对待每一位学生，积极创造条件让学生个性得到张扬，学生愿意亲近辅导员，愿意将自己心声袒露给辅导员，愿意与辅导员老师分享自己的喜怒哀乐。

4. 合作型

辅导员和学生之间是合作关系，老师支持学生，学生理解老师，相互理解支持，双方是双向的、互动的，在合作中共同成长、共同发展。

5. 表率型

辅导员能够做到身体力行，言行一致，要求学生做到的事情自己首先做到，能够率先垂范，做学生的榜样，这样的辅导员老师能够赢得学生的信任和尊重。

三、辅导员与学生构建和谐师生关系的必备条件

（一）构建和谐的师生关系，必须具备丰富的知识结构

辅导员要做好学生人生成长道路上的明灯，必须具备渊博的知识，这样才能够为学生提供相应的指导。辅导员要对学生进行思想政治教育、心理健康教育、职业规划、就业指导、人际交往等方面的指导，就要具备由思政、教育学、心理学、职业规划学、人际关系学等多学科交叉的知识结构作为基础支撑。辅导员还必须具备良好的组织协调、人际沟通、危机干预、运用网络等专业能力素质，才能够对学生进行更好地管理、服务、指导。辅导员知识渊博、业务水平高、处理问题能力强，会受到学生的尊重和喜爱。

（二）构建和谐师生关系，必须具备良好的道德修养

现在的大学生具有强烈的自我主体意识，崇尚自我、追求自由、张扬个性，难免会出现一些与和谐校园文化产生冲突的行为，有时也会对辅导员的行为产生误解和责难。遇到这种状况时，良好的道德修养能够使辅导员避免产生过多的负面情绪，避免与学生产生冲突，使工作得以和谐有序地进行。

（三）构建和谐师生关系，必须塑造积极的人生态度

辅导员的人格魅力会潜移默化地影响学生对辅导员的信任度和学生的成长走向，辅导员的人生态度会感染学生，如果一个辅导员遇事急躁、没耐心，待人虚伪、不真诚，心胸狭隘、不宽阔，那么就不可能真心去关爱学生的成长，不能给学生树立一个“阳光榜样”，会带给学生很多负面情绪，影响学生成长，逐渐失去学生的信任，损害和谐师生关系的形成和维系。

（四）构建和谐师生关系，必须坚持以学生为本

要构建和谐的师生关系，必须坚持以学生为本的思想。辅导员要

从内心热爱学生、关心学生，要尊重学生、理解学生，给学生以悉心的指导、帮助，同时，辅导员对每一个同学要公平对待，一视同仁，不因他们的家庭背景、性格特点、形象特征等而区别对待，辅导员要呵护每位学生，要挖掘学生的潜能，发展学生的个性。

四、辅导员与学生和谐师生关系构建的重要意义

（一）能够端正学生学习态度，促进良好学风形成

辅导员和学生建立和谐的师生关系，相互尊重、平等交流，自然就会拉近彼此距离，从而激发学生热爱学习的热情，只有“亲其师”才能“信其道”，才会消除对辅导员思想政治教育的偏见，从而信任老师。在平等的育人环境中，学生会乐意接受辅导员的教导，主动找辅导员寻求帮助；辅导员要善于发现学生身上的闪光点，向学生学习，和学生一起成长，如此一来，自然会奏出和谐的思想政治工作乐章。

（二）能够营造宽松的校园氛围，培养学生的创新能力

辅导员与学生和谐关系会产生相对自由与民主的校园氛围，对学生创新创造能力的培养有着巨大的推动作用。在这种自由开放的高职教育环境里，能够让学生的思想得到解放，个性显得多样化，价值追求多元化，学生少了条条框框的限制，能畅所欲言，思维更加敏捷，想象力更加丰富，创新创造能力更强。

（三）能够提高学生的道德修养，提升个人的思想道德素质

辅导员与学生和谐关系可以促进学生高尚品德的养成，学生在和辅导员的交往过程中，可以从辅导员的言传身教中学习为人处世的方法，树立正确人生观和价值观，改正先前不正确的行为，朝着辅导员和学校所期望的要求发展。在和谐良好的氛围下，德育内容寓于学生喜闻乐见的活动中，有助于增加学生参与的积极性与主动性，使学生自觉地进行自我教育，提高了思想政治教育的时效性。

（四）能够加深师生之间的了解，培养学生积极乐观的生活态度

辅导员与学生建立和谐师生关系，有助于促进学生身心健康发展，形成积极向上的生活态度。在思想教育的过程中，学生个体不一样，辅导员采取的方式方法也是不一样的，会依据学生的个性特征因材施教。要做到这些，辅导员就必须加强对学生的了解，针对不同学生的特征运用不同的方法予以针对性的教育。但是，现在很多高职学生遇到困难时，宁愿通过网络与陌生的网友诉说，也不愿意与辅导员进行交流。只有辅导员与学生关系变得和谐，在平等相待、坦诚相见的基础之上，学生才能与辅导员进行沟通，诉说内心想法，加深与师生之间的了解。

五、辅导员与学生和谐师生关系存在的问题

（一）师生交往少，关系日益冷漠

随着高校的扩招，高职招生规模也在扩大，学生数量激增，本应和学生“朝夕相处”的辅导员由于面对的学生数量太多，很少有时间和学生展开充分的交流，再加上辅导员整天忙于烦琐事务工作，开展与学生的交流工作也显得有心无力，同时，很多高职学生与辅导员老师交流时感到拘束，对老师有畏惧心理，他们获取信息的渠道多种多样，不屑与老师交流，缺乏积极性与主动性。辅导员与学生之间交往少，缺少交流与沟通，就导致了师生关系被动、僵化的不和谐的局面，师生之间情感淡漠。有很多学生甚至一个学期都没有和辅导员说过一句话，辅导员也根本叫不出学生的名字，辅导员和学生之间仅仅存在工作关系，师生关系冷漠。

（二）师生之间互不认可，隔阂严重

高职学生大部分高考成绩相对较差，一些辅导员会因此对学生存在偏见。学生认为自己上了比较差的学校，对学校不认同，对辅导员不认可，辅导员与学生之间无形之中有隔阂，师生之间缺乏主动交流的积极性。辅导员不愿意深入到学生中去了解学生，与学生之间的交流仅仅在于信息的传达，甚至信息的传达都是依靠学生干部、依赖通信工具，无

法主动发现学生中可能存在的问题。学生不愿意与辅导员沟通交流，遇到问题不愿意求助辅导员。即使个别学生愿意去找辅导员求助，辅导员也是采取推脱的态度，甚至不予理睬，缺乏必要的耐心与爱心，仅仅将学生视为工作对象，工作方法简单，师生关系紧张。

（三）师生之间功利主义色彩加重，关系商业化

受不良风气的影响，有些辅导员在与学生交往的过程中掺入过多功利主义色彩，使辅导员与学生之间纯洁的关系少了许多“人情味”，多了许多“金钱味”，让学生对辅导员产生厌恶、失望的情绪，对辅导员不再尊重。在高职院校中，辅导员要负责学生的评优评先、奖助学金评定、干部的选拔、学生推优入党等工作，学生接近辅导员的目的就是为了获得一些好处，比如，让自己获得奖助学金、能够评优等。有些辅导员也利用手中的权力与学生进行一些不正当的交易，获取一定的报酬；有些辅导员虽然没有进行不正当交易，但是在利益分配时仅凭一己之好，只照顾平时与自己走得近的部分学生，而伤害了其他大多数学生的情感。

（四）辅导员缺乏专业素养，能力不足

目前，很多高职辅导员不是思想政治教育专业毕业的，也没有经过系统的培训，缺乏专业素养。很多辅导员没有教育学、心理学知识，缺乏教育专业背景，在处理学生问题及其学生关系时存在很多问题。当遇到问题时，辅导员能在情感上拉近与学生的关系，但是在价值观方面无法说服和引导学生，难以引起共鸣，做到以理服人。

六、辅导员与学生和谐关系存在问题的原因

（一）辅导员与学生之间缺乏必要的沟通和交流

沟通与交流是人与人之间建立良好人际关系的关键，师生关系也是如此。辅导员和学生之间只有通过沟通与交流，彼此换位思考，才有可能建立相互信任的师生关系，否则，一切都是空谈。但是，目前在高职

院校，辅导员和学生之间的沟通和交流不多。究其原因，首先，辅导员数量与学生数量比例失衡，辅导员无暇与每个学生进行沟通交流。一个辅导员至少要带200多名学生，有的甚至达到300多名学生，辅导员要一一与每位学生进行沟通交流是非常困难的，辅导员本身精力有限、时间有限，除了要处理党团组织建设、活动组织策划、心理咨询、安全教育与保卫、学生就业等工作外，还要完成学院其他部门交办的事务，还要承担一些科研、教学任务和其他行政工作，导致师生之间的沟通和交流变得有心无力。其次，学生缺乏主动性和积极性。很多学生一般不会主动找老师沟通交流，除非辅导员老师主动关心他，主动找他沟通交流。再次，学生课程多，空余时间少，辅导员和学生之间沟通交流没有时间。现在很多高职把三年的课程压缩到两年完成，第三年就到企业顶岗实习。学生的课程较多，最多的一周要上四十多节课，甚至晚上都在上课，一周中学生空闲时间很少，辅导员要和学生交流只有靠利用中午学生休息时间，学生和辅导员都很累，交流没有时间。

（二）辅导员自我认可度较低，在观念上存在一定的偏差

高职辅导员相对于专任教师而言，社会认可度较低，职业发展前景不明朗，上升途径不通畅，因此，该群体存在“负能量”和职业倦怠现象，转岗意愿强烈，较少人愿意将学生工作作为个人事业进行长远规划。因此，在工作中将主要精力放在其他事务上，与学生较为疏远，工作中秉持“不求有功，但求无过”的思想。对学生不走心、不上心、不用心、不真心，基于这样的观念偏差，就不可能很好地与学生沟通与交流，也难以受到学生的信任和尊敬，进而影响到和谐师生关系的构建。

（三）辅导员不能恰当把握与学生的关系

一是辅导员与学生之间的关系“趋远”。一些辅导员每天只是应付检查事务性工作，如教室清洁卫生检查、宿舍情况检查、上课出勤情况检查、传达各种通知以及完成各部门工作任务，而没有时间和学生谈心、了解学生的心理问题及思想变化。有些学生甚至不知道自己

辅导员叫什么名字，当提起辅导员的姓名时，他们不知是谁，有的虽然也知道辅导员的名字，但是很不了解，没有什么沟通，这种“趋远”的关系，使得辅导员和学生的心理距离越来越远。二是辅导员与学生之间的关系“趋近”。一些辅导员对学生管理得过细，如个人的发型、衣着装束等方面都在管。或是辅导员在进行正常学生管理工作时畏首畏尾，学生讨价还价，让教师丧失了尊严。俗话说：“近之则不逊，远之则怨”，辅导员不能与学生之间保持某种或近或远的关系，而应在其中掌握一种平衡，既要树立教师的尊严和权威，又要关心、爱护、理解、同情学生，这是辅导员与学生之间建立和谐关系的起点。

（四）辅导员对自己的角色定位不明确

高职辅导员不仅是行政管理人员，同时也需担任思想政治教育教师的重要角色。不仅对学生进行简单的入退学、奖励、处分、评优等行政管理工作，还要对学生的思想动向进行引导，解决学生心理问题，帮助学生进行职业规划，指导学生就业等。目前，许多高职院校将辅导员简单列为行政管理人员范围，因此有的辅导员认为，自己既然是学校的行政管理人员，就上传下达，做好上级交付的工作即可。由此，导致一些学生评价辅导员“喜欢命令”“摆架子”“不灵活”“不善变通”，这对于促进辅导员与学生之间的和谐关系发展是相当不利的。个别学生眼里的辅导员，代表着强权，无法沟通；辅导员则认为，学生素质不高，一意孤行，使人难以理解。所以，辅导员角色的正确定位，是高职辅导员与学生之间建立和谐关系的重要保证，不仅需要辅导员个人调整心态，正确评估自己，更需要学院层面给予制度上的保证。

七、构建高职辅导员与学生和谐师生关系的基本原则

（一）以生为本，尊重学生

辅导员要认识到学生是高职发展的基础，没有学生的大学谈不上发展，一切以学生为重，促进学生综合素质的全面发展，要提高学生的思想政治水平，引导学生勤奋学习。辅导员要尊重学生的基本权利，

自觉维护学生的根本利益，切实帮助学生解决实际问题。作为管理者，辅导员要在严格管理与以学生为本这两者之间找到平衡点，做到两者兼顾，严要严得有道理，爱要有度。

（二）平等交流，沟通互动

沟通和交流是人与人之间交往的前提。和谐的师生关系，离不开和谐的交流，这不仅是一种教育方式，更是一种精神氛围。高职辅导员在与学生交流时，一定要保持开放的态度，允许学生凸显和张扬自己的个性。在与学生交流沟通的过程中，彼此在人格上是平等的，没有高低贵贱之分，不要把自己摆在居高临下的位置，与学生地位是平等的，这样才能进行良好和谐地交流沟通。

（三）制度优先，公平公正

辅导员与学生良好和谐关系的建立不能放松管理制度的要求，要把制度放在首位，要坚持原则，处理问题公平公正，从人性出发，与学生进行平等的交流对话。坚持制度优先，并不是要完全按照条条框框办事，也要有一定的灵活性，宽严适度，做到合理合规，有理有据，公平公正，在此基础上进行良好的沟通交流，促进师生关系和谐发展。

（四）以身作则，身正为范

辅导员与学生接触的时间比较多，有的甚至会与学生同吃、同住、同学习，辅导员的一举一动容易引起学生的效仿，对学生起着潜移默化的作用。所以辅导员要时时牢记自己的身份，刻刻审视自己的言行，以身作则，成为学生心目中的楷模。

（五）动之以情，晓之以理

作为思想政治教育工作者，要特别注意工作艺术和工作方法，与学生谈话时，切忌强硬的命令口气，将自己的思想观点强加给学生，而应辅以亲身经历或者所见所闻，以朋友聊天的方式与学生交流，增强学生的认同感，从而拉近与学生的距离，达到一种彼此信任、彼此坦诚的交流状态，用“以柔克刚”的方式，让学生心悦诚服地接受自己想要说明的道理。

（六）求同存异，有效沟通

辅导员在与学生的交流中，要允许学生表达自己的思想观点，要尊重学生的思想，对于同一个问题，可能会和学生产生分歧，应该允许这样的“小异”存在，有争论也绝对不是问题，通过有效沟通，各自摆事实讲道理，最终达到“大同”，给学生表达的机会，这样去尊重学生，也会赢得学生的尊重。

八、构建高职辅导员与学生和谐师生关系途径

（一）辅导员层面

1. 加强学习，提高知识水平，做好服务工作

目前，高职学生大多是“00 后”，他们成才愿望强烈。但是他们对未来充满迷茫，渴望得到学涯规划、职业规划、就业创业、心理健康等方面的指导，辅导员要对学生进行这些方面的指导，就必须具备相关的知识。辅导员工作也需要理论指导，这样在面对学生时才有说服力和号召力，许多辅导员理论知识少，面对越来越多的问题时，总是感觉力不从心，尤其是做学生思想工作时，语言不鲜活，缺乏理论基础知识的支撑。因此，一方面，辅导员要加强理论的学习，认真学习教育学、心理学、伦理学、哲学、法律法规等知识。另一方面，还要努力扩大知识面、优化知识结构，加强对职业规划、就业指导、心理健康等知识的学习，提高个人素质，做到严于律己、以身作则、真心实意地用高度的政治觉悟，渊博的知识及深厚的人文素养引领和关爱学生，更好地服务于学生。

2. 提高个人修养，做好引路人

道德修养决定了一个人的思想境界、思路方向，也在某种程度上

决定了个人工作能力的高低。辅导员要教育学生做人，指导学生德、智、体、美、劳全面发展，辅导员的一言一行都潜移默化地影响着学生，一个人品高尚、具有人格魅力的辅导员对学生的影响更广泛、更深刻、更持久。辅导员的人格魅力以个人道德素养、人格品质为基础，学生对品德高尚、和蔼可亲、廉洁公正、作风正派、宽厚豁达的辅导员更喜欢，更想亲近。辅导员应提高个人的道德修养。一是要有乐观的情绪，要善于利用和控制情感。辅导员所接触的学生个性多样、千差万别，他们特点鲜明、个性突出，这就要求辅导员面对不同学生要心态平和，心智清晰，不能因为学生一些不得体、不恰当的言语和行为而大发雷霆，动辄批评教训，甚至将这种不好的心情转嫁到其他学生身上，带到同事中间去。二是要具有面对困难、挫折的忍耐力和承受力；要有自信心，勇于接纳生活、接受挑战。三是要做到“慎独”，要经得起考验，抵得住诱惑，谨慎行事。

3. 了解、关爱学生，对学生要有爱心和同情心

关爱是建立和维持和谐师生关系的桥梁和纽带。只有热爱学生，才能耐心地去雕塑每一位学生。真诚关心和爱护学生，不仅在思想上、学习上、生活上等给予关心，而且要具体体现在实际行动上，体现在辅导员的一言一行甚至一个微笑上。辅导员要全面关爱学生，关心学生的学习、生活和思想动态、校内的表现和校外的活动。辅导员要了解学生、熟悉学生，只有了解学生的社会家庭背景、个性差异、兴趣爱好、心理变化、发展特点，才有与学生相处的基础，才能有针对性地帮助到学生。

辅导员在做学生的思想工作时，应在理解、关心的基础上，帮助学生走出困惑，走出迷茫，消除不良社会风气对他们的影响，塑造学生坚强乐观的品质风格，积极进取的时代风尚，最大限度地发挥辅导员在学生成长中的助推作用。师生之间的关系因为有了感情才会由陌生逐渐变为熟悉，由矛盾变得相互理解。对于学生来讲，离开了父母和家庭，来到高职院校读书，他们更需要温暖、关心，哪怕是辅导员

的一个理解性微笑，一次善意的问候，都会在学生心目中树立起“爱心”形象，促进师生和谐关系构建。同情心是支持学生、设身处地为学生着想的感情，不能理解为怜悯和蔑视。每一个人的成长都会经过青年时代，也会“年少轻狂”，他们有美丽的梦想，有对物质上的需求，有对情感上的渴望，当梦想遭遇一些困境，辅导员应给予其鼓励和力所能及的帮助。

4. 尊重、信任学生，对学生要有宽容、欣赏之心

只有尊重学生并与之平等相处，学生才会有言敢发，有话敢讲。为此，辅导员老师要把自己和学生放在平等的位置上，同他们交朋友，尊重、理解他们。尊重学生的人格、意愿、隐私权等。辅导员还应该改变过去“我讲你听”的陈旧的教育方式，在了解学生的同时，也让学生来了解自己，只有这样，学生才会从心理上接纳辅导员，师生关系才会和谐融洽。辅导员老师充分相信学生，学生才会相信辅导员老师，真正平等有效的沟通也才会开始，只有相互信任才能使师生关系更加牢固。信任学生就要给学生展示自己的机会与舞台。让学生主动参与实践，学会自我教育、自我管理、自我成才，使学生的个性得到全面展示。

学生在学习、生活、工作中也是容易犯错误的，他们不可能把所有的事情办得尽善尽美。面对这些情况，辅导员老师单纯靠严厉批评和说教并辅之以惩罚是不能有效解决问题的，这时候，辅导员老师要有宽容的态度，静下心来思考原因，找出问题的根源，对症下药，才能有效地解决问题。许多事实证明，宽容比惩罚更有力量，“宽容”也是改善与建立和谐师生关系的妙法。

5. 以生为本，以实际行动关爱学生

辅导员工作要切实贯彻以生为本的理念，针对高职学生的特点，从学生的实际出发开展工作。进行人性化的管理，采用“贴近实际、贴近生活、贴近学生”管理方法，不居高临下、不摆架子、不讲空话、套话，讲实话、讲真话。在不同的阶段，对学生进行不同的帮助指导。

一年级上学期，辅导员是学生生活的指导师。这时，学生刚刚入

学，他们来自四面八方，来到陌生的环境，面对陌生的人群，难免想念父母、思念家乡，孤独寂寞和不适应环境是这一时期的典型特征，帮助学生在最短的时间内适应大学生活是该时期辅导员的工作重心。一是要帮助学生快速地适应大学宿舍生活。学生大多是第一次开始住校，第一次开始群体生活。如何处理好宿舍间的人际关系，如何迅速提高生活自理能力，是这个阶段迫切要解决的问题。在这个阶段，辅导员必须经常走访宿舍，指导学生宿舍生活的各个方面，督促学生养成良好的卫生、生活习惯。这是一个比较艰苦的过程，一定要有充分的耐心，特别是学生在生活方面有求于辅导员的时候，要及时地伸出援助之手，给予学生适时、实在的关心和帮助，这是建立和谐关系的开始。二是帮助学生尽快适应大学学习生活。学生在校学习，既有理论又有实践，课程相当紧凑，课业相当繁重。新生入学伊始，辅导员应主动帮助学生转变传统的学习模式，引导学生学会自主学习，对于学生学业上的帮助，是建立和谐关系的重要部分。要多组织集体活动、交流体会活动，在生活和学习上多给一些具体指导，少一些批评、指责，鼓励同学之间多交往，相互关心、相互帮助。

在大一下学期到大二阶段，对于已经度过适应阶段的学生，辅导员更多是充当人格塑造指导师的角色，辅导员要创造更多条件丰富学生的专业知识，开展丰富多彩的课余活动，提高学生的情商，帮助学生确立远大的理想和信念，明确奋斗目标，树立乐观向上积极进取的人生态度。针对高职学生的特点，教育更应该讲究方式方法，一味地说教只会引起学生更强的逆反心理，甚至适得其反。辅导员应该广开工作思路，将教育春风化雨般地渗透到生活的点滴中，开展有益的活动就是一个很好的方式，比如指导学生开展主题班会、主题演讲，辅导员开展专题讲座、团体心理辅导等形式，共同探讨社会上的热点，让学生学会关注社会、关注民生，辅导员参与学生讨论，并针对性地进行引导；了解学生的特长后，鼓励学生参加各项校园文化活动，为学生搭建施展才华的舞台，让他们在活动中得到放松和愉悦，在活动中得到肯定和认同。

在大三阶段，对面临毕业即将走上工作岗位的学生，辅导员的工作同样重要，要充当好学生职业指导师。要走出“不用再管、可以不管”的误区。这一时期学生的矛盾主要围绕实习和就业展开，辅导员要对学生进行简历制作、求职准备、笔试面试技巧等各方面的知识指导，找与职业目标相近的企业进行实习，提高实习和就业指导水平，给学生提供实质性的帮助，使他们的就业之路尽可能顺畅一些。

6. 利用网络平台，加强学生感情联络

作为一名优秀的辅导员，应以学生为本，主动关心学生、爱护学生，与学生建立良好的关系。要充分利用现代网络聊天工具与学生建立交流平台，利用微信、QQ、手机短信等工具，随时随地与学生进行交流，有些话学生当面不会说，在网上可以畅所欲言。这样辅导员可以很快了解更多的信息，能更深入地了解学生，与学生私底下交朋友，让学生能向你倾诉他们在生活、学习中遇到的困难，解决他们的困惑。还可以建立班级微信群、QQ 群，可和多名学生同时进行对话，从而有效提高交流的频率和质量。

7. 注重管理技巧，做好管理育人工作

管理育人是辅导员工作的重要组成部分，要制定出切合实际的关于学生学习、纪律、卫生等各方面的制度，力争做到管理合法化、标准化、人性化，通过科学的管理防微杜渐，把可能出现的问题消灭在萌芽状态。在管理学生的过程中要注意管理方法和技巧，不能一味地粗暴管理。在日常工作中，要做到一视同仁、公平公正，万万不可有私心、偏心。要注重人性化管理，让学生从心理上认同、接受辅导员的管理。

（二）学生层面

1. 学会尊师和明理

学生要秉承“尊师”的传统美德，给予辅导员应有的尊重，要从心里和行动上尊重辅导员，对辅导员采取宽容、理解的态度，把辅导员当成良师益友。同时，学生还要学会“明理”，要懂得文明礼貌，要礼貌待人，提升待人处世等方面的素养，主动与辅导员老师联络，主动沟通。

2. 学会感恩和关心他人

学生要时常抱着一颗感恩的心，学会感恩和关心老师。要学会在教师节、中秋节、春节等节日里，主动向老师表达问候与感谢，这些真诚的问候会让辅导员觉得温暖和感动，也会增加师生之间的情感，密切师生之间的关系。

3. 努力学习，提高自身素质

学生要主动学习专业课程知识，努力提高自身素质，让辅导员在学习方面不为自己费心。

4. 学会加强组织和纪律观念

很多高职学生比较自由散漫，集体意识欠缺，纪律观念淡薄。容易漠视辅导员的存在，甚至把辅导员看成束缚其自由的“敌人”。高职学生在校期间应提高组织性和纪律性，支持辅导员的工作，增进交流和沟通。

（三）学校层面

1. 加强校园文化建设，营造师生互敬互爱的氛围

良好的校园文化是大学的精神沃土，它对全校师生起到精神熏陶的作用，会潜移默化地影响学生的发展。高职院校要加强校园文化建设，营造师生间民主、平等、尊重、包容的文化氛围，倡导师生互敬互爱的和谐气氛。

2. 优化辅导员考评机制，创造有利的制度条件

在辅导员评审机制中，应凸现对师生关系的考核和重视。并且要建立将考核结果与职务聘任、奖金、晋升等挂钩的激励机制，调动辅导员和学生沟通的积极性。

3. 加强辅导员队伍建设，尤其要抓好选聘和培训环节

要加强辅导员队伍建设，在选聘中，把德才兼备、乐于奉献、热

爱高职学生思想政治教育事业的人员选聘到辅导员队伍中来。在日常培训中，要帮助辅导员加强学习前沿知识，促进辅导员的知识和信息的更新，使他们和学生们有更多共同语言。

4. 要积极建立师生交流平台

要积极搭建一些共辅导员老师与学生交流的平台，如师生联欢会、网络平台、校园贴吧、师生趣味运动会等，学校要提供一定的经费开展这些活动，给辅导员与学生更多的交流机会，改善师生之间的关系。

第二节　辅导员与学生干部和谐师生关系的构建

辅导员与学生干部和谐师生关系的构建除了遵循辅导员与普通学生和谐师生关系构建途径外，还有其特殊性。学生干部是从普通学生中选举产生的，同时兼有管理者和服务者的作用，协助辅导员进行日常管理工作，组织学生活动，为同学服务，既是辅导员日常工作的助手，又是联系辅导员和普通学生之间的桥梁和纽带，并且他们在各方面的出色表现也对广大学生起到了很好的榜样和示范作用。辅导员与学生干部之间的和谐师生关系是高职院校师生之间一种比较重要的关系，关系到辅导员和普通学生之间、学生干部和普通学生之间关系的和谐。所以，构建辅导员和学生干部之间的和谐师生关系显得非常的重要。辅导员和学生干部之间和谐师生关系的构建可以从以下几个方面进行。

一、与学生干部经常沟通，对学生干部进行指导

辅导员要经常与学生干部进行沟通交流，了解学生干部工作的实际情况，对他们的工作、学习、生活进行指导。要主动了解学生干部的难处，在工作中遇到的困难，要帮助学生干部解决工作中的难处，教会他们如何与同学进行良好的沟通，如何协调与同学之间的关系，解决他们的实际问题。当然，学生干部也要主动与辅导员进行思想交流，主动向辅导员老师寻求工作的帮助、指导，将辅导员视为自己的

良师益友，及时将同学们对学院、对系部、对班级的意见及建议反馈给辅导员，将学院相关的决策、要求、信息传递给学生，发挥好学生干部的桥梁和纽带作用，做到下情上传和上情下达，主动参与到学院、系部、班级的管理和建设中来，发挥自我管理的作用。

二、树立以生为本的理念，想学生干部之所想

中共中央、国务院在《关于进一步加强和改进大学生思想政治教育的意见》中指出：“高校思想政治工作和工作者要坚持以人为本，贴近实际、贴近生活、贴近学生，努力提高思想政治教育的针对性、实效性和吸引力、感染力，培养德智体美全面发展的社会主义合格建设者和可靠接班人。”指明了对大学生进行思想政治教育的工作方法，强调了以人为本的工作理念在辅导员开展思想政治教育工作中的重要性。但在实际工作中，有的辅导员还是以领导者自居，对学生干部采取一种居高临下的态度，用命令的方式指挥学生干部，对学生干部时时呵斥、指责，总是站在学生干部的对立面思考问题，师生之间无法平等沟通，缺乏相互理解，使辅导员的工作陷入被动局面。以人为本，就是要时刻体现以学生为本，经常、主动地深入学生干部中，了解他们的思想动态和情绪，了解工作中遇到的困难与挫折，要站在学生干部的立场设身处地为他们着想，要与他们打成一片，时时对学生干部报以赞许、鼓励的眼神，更耐心、更细致地做好他们的思想工作，争取将问题消灭在萌芽之中，变被动为主动，为构建高校和谐关系提供有力的保障。

三、帮助学生干部转变观念，消除特权思想

部分学生干部在参与竞选时有一定的功利心理。他们觉得担任学生干部就会在同学中树立某种权威，享有一定的权力。同时与辅导员的接触机会增多，顺理成章会得到辅导员的信任，因此在评奖评优、奖助学金评定等方面会得到辅导员的照顾，获得荣誉和利益。这种特

权思想会使一些学生干部产生骄躁情绪，丧失学习的动力，因此，必须加以杜绝。一方面，辅导员要帮助学生干部对自身的定位有明确的认识，要本着“服务他人，锻炼自我”宗旨开展工作，不能将学生干部作为自己获取利益和特权的砝码。另一方面，辅导员对待学生干部和普通学生要一视同仁，对于学生干部要加强监督、督促。对学生干部更应该高标准、严要求，努力培养一批学习成绩好、工作能力强的优秀学生干部。在评奖评优、补助减免等方面要坚持公平公正的原则，杜绝学生干部的特权思想，营造良好的竞争环境。

四、完善学生干部的选拔任用制度，引入竞争机制

要建立合理、有效的干部选拔制度，选拔那些品学兼优、责任心强、心理素质好、组织管理能力过硬的学生担任干部。

（一）选拔要面向全体学生

一些在大学当过学生干部的同学，步入社会后，因工作适应快、组织能力强、工作方法灵活，企业比较喜欢。应面向全体学生选拔任用干部，让每一个学生都有机会接受这一实践岗位的锻炼，体现教育的公平性，营造和谐的育人环境。

（二）要引入竞争机制

辅导员在选拔学生干部时，需采取“自愿报名、竞争上岗”的方式，根据学生竞演、辅导员综合考察、学生投票等综合情况来确定干部，做到公平公正、机会均等。但是，高校学生干部岗位毕竟是很有限的，要尽量让每个学生都有机会得到锻炼，一方面，除了班上学生干部职位外，还要鼓励学生到院、系学生会，学生社团、协会去发展。另一方面，还可以设立辅导员助理，让大二学生辅助辅导员做好大一新生的管理工作，这样既可以锻炼高年级的学生，也有利于大一学生更快地适应大学生活。

（三）要打破“终身制”

干部“终身制”会使学生产生惰性，不利于工作的开展，而且有些学生干部因从事过多的学生工作，而耽误了自己的学习，这时也需要及时进行调整。在选拔干部时，可以采取灵活多样的选拔方法，新生班级的班、团干部，可以由班主任先指定或由选举暂定，过一段时间，根据学生干部的学习成绩和工作表现再进行重新选举。让学生干部有一定的竞争压力和危机意识，促使他们努力学习，认真工作。学生干部的选拔最好是一学期进行一次，这样也可以给学生干部一定的压力，努力认真工作，同时也可以给更多想锻炼同学一些机会。

五、完善学生干部的奖励制度，鼓励其积极性

要制定对学生干部的奖励制度，对参与学生管理工作的学生干部实行必要的奖励。学生干部在学生管理工作中付出大量的时间和精力，同时也付出了高度的工作热情，对学生管理工作做出了积极的贡献。但在奖学金评定时是直接与成绩挂钩的，对于其他方面考虑较少，这对于学生干部有失公平。因此，辅导员可以在综合测评、培养入党、授予优秀学生干部称号等方面进行适当地考虑，在同等情况下，优先考虑学生干部，以视对他们工作的认可，使他们能安心工作，真正把工作做好。但辅导员在工作中应该注意适度，不能让学生干部产生特权观念。

六、做好学生干部的培养和教育，提高其工作能力

学生干部不但是辅导员工作上的得力助手，也是辅导员教育和培养的对象，学生干部更要有良好的个人素质、学习成绩和创新意识，因此，辅导员在工作中要注重对于学生干部的培养和教育。一是组织学生干部进行政治学习和业务学习，采用辅导讲座、报告会、座谈会等形式宣讲党的方针、政策，介绍国际国内形势、学校近期工作以及学生工作的基本工作方法等，帮助学生干部开阔视野，提高理论修养和理论水平。二是辅导员要督促学生干部认真学习，对于学习成绩好、

工作能力强的学生干部要给予积极的鼓励，起到较好的示范作用。三是辅导员要加强对学生干部进行培训，邀请大二优秀的学生干部向大一班委干部介绍工作经验，分享他们成功的方法，辅导员老师也要指导学生干部如何开展工作，在工作中如何创新。此外，开展丰富多彩的社会实践活动，鼓励学生干部科研创新，提高学生干部的实践创新能力。

第三节　辅导员与问题学生和谐师生关系的构建

一、问题学生的概念

问题学生是指那些与同年龄段学生相比，由于受到家庭、社会、学校等方面的不良因素的影响及自身存在有待改进的因素,从而导致在思想、认识、心理、行为、学习等方面偏离常态，需要在他人帮助下才能解决问题的学生。首要表现在品德方面，主要表现在学习、行为、心理方面。在品德、学习态度、心理等方面，任何一个方面存在较为严重的问题即是问题学生。

高职问题学生，是指在高职院校学习生活，由于自身或外界原因而导致其在思想、学习、行为、心理等方面出现问题，未能达到学校和国家对大学生的要求。这部分学生具体表现为不能很好地融入学生群体中、学习态度不端正、不能积极地对待身边的事物、心理存在不健康的地方。

二、高职问题学生的主要表现特征

（一）学习无动力

问题学生学习没有动力主要表现在两个方面：一是厌学情绪严重。部分高职学生基础不够扎实，学习习惯不好，知识积累出现断层，很多知识学不懂，学习感到吃力，慢慢地对学习失去了兴趣，厌学情绪与日俱增，学习积极性主动性降低。二是学习缺乏明确的目标。很多学生是因为没有考上本科院校而不得已选择了高职院校，进入学校后没有明确的学习目标，职业规划不清晰，没有学习动力，对学习不感兴趣，以致在课堂上睡觉，经常迟到、早退，甚至逃课。

（二）人际关系不和谐

问题学生不知如何处理与同学、老师的关系，导致跟寝室的同学不能和睦相处，常常产生矛盾，不适应群体式生活，与同班同学关系不融洽，可能会被孤立，他们也不知道与同学、老师相处的艺术、技巧，在平时的生活学习中显得很孤单，不能融入班集体，容易形成抑郁、孤独的心理特点，也会因此而产生一系列的心理疾病。

（三）自我认知不到位

问题学生之所以出现问题，在很大程度上是自我认知不足，没有认清自己，主要表现在两个极端：一是过度消极地评价自己，总认为自己什么都不好，总比别的同学差，自己总是不如别人，认为自己是“无能力、无背景、无长处”的三无学生，非常地自卑。二是盲目地自负，总认为自己很了不起，总是认为自己比别人强，别人都不如自己，不知道山外有山，人外有人，眼光不长远，只和自己周边的同学相比，缺乏长远的目标。

（四）对未来感到迷茫

问题学生总感到自己很差，不知道自己将来干什么，能干什么，怕找不到工作，不知道自己要做哪些准备，要发展什么能力，提升哪些技能，前途一片灰暗，对未来很恐惧，感到迷茫。

三、构建辅导员与问题学生和谐师生关系途径

（一）必须坚持以尊重问题学生为前提

人都渴望得到他人的尊重，尊重他人是一种高尚的美德，是个人

内在修养的外在表现，是顺利开展工作、建立良好的社交关系的基石。在生活中，只有尊重他人才能赢得他人的尊重。辅导员要与问题学生建立良好的和谐关系，必须坚持以尊重问题学生为前提。对于问题学生来说，由于其本身可能比较自卑，在生活中受到别人嘲讽、冷落的情况也较多，他们内心渴望得到别人的理解，希望得到平等的对待，也希望得到关注。辅导员应给予他们足够的尊重，帮助他们卸下心理的防备。

（二）对待问题学生要有信心、耐心、爱心、真心

要与问题学生建立和谐师生关系，辅导员要有“四心”，即信心、耐心、爱心、真心。一是，对问题学生要充满信心。相信问题学生能够改变自我，克服自身不足，他们身上也有闪光的地方，帮助他们是辅导员老师义不容辞的职责。辅导员老师要鼓励他们，帮助他们树立信心，消除他们的顾虑，对学习、生活产生浓厚的兴趣，让他们体会到辅导员对他们是充满信心的，从而树立他们自身的信心。二是，对问题学生要有耐心。改变问题学生的过程不是一朝一夕就能完成的，它是一个长期的、逐步的过程，因此，对于问题学生要有足够的耐心。三是，对于问题学生要真心，要真诚。俗话说：“精诚所至，金石为开。”辅导员在面对问题学生时，要多给予他们关心、帮助，多肯定、少否定，用真心去引起他们的共鸣。拉近与他们之间的心理距离，使他们切实感受到老师的真心诚意，感受到温暖，体会到老师是真心诚意为了自己，使问题学生真正接受教师，主动分享信息，愿意与教师交朋友。四是，对问题学生要有爱心。教师的热爱是学生进步向上的动力，没有爱便没有教育。只有“亲其师”，才能“信其道”。辅导员要以自己赤诚的爱去温暖问题学生的心。

（三）积极关注问题学生，营造良好的帮扶氛围

对于问题学生，辅导员要以积极的态度看待他们，给予他们积极

关注，关注他们的学习、生活和心理状况，经常与他们进行一对一的交流，对其学习、生活给予关心，关注他们言语和行为中比较积极、阳光、正面的方面，鼓励他们克服困难、努力学习，鼓励他们不放弃、力争上游，帮助他们树立积极而正确的价值观，促使他们有改变自己的内驱力。辅导员也要与其室友、好友加强联系，从侧面了解他们的日常状态，时刻掌握问题学生的日常动态，倾注真情实感。要发动他身边的同学、干部帮助他、关心他、鼓励他，帮助问题学生消除自卑感，推动他们进步，促使他们转化。

（四）坚持以理服人、以情动人，处理好批评与爱护学生的关系

当面对问题学生时，要坚持以理服人、以情动人的原则，深入细致地做学生的思想工作，讲究说话艺术尤其是批评的艺术。批评是必要的，没有批评也就等于没有要求、没有教育，但批评必须运用得当，才能达到教育的目的。如果运用不当，不但不能达到教育、提高的目的，而且可能造成师生感情对立，促使学生逆反心理的形成，增加了以后教育的难度。因此，要把批评学生与爱护学生结合起来。批评的时候不要站在学生的对立面，要让学生知道老师和他站在同一立场，老师是为了帮学生，师生之间的目标是一致的。当学生意识到辅导员是真心爱护他、关心他、为他操心时，无论是耐心的帮助还是严肃的批评甚至是必要的斥责，学生都会乐意接受。

（五）认真准备，把握交流时机，平等交流

辅导员在与问题学生交流时，一定要坚持交流平等的原则。辅导员不要把自己看得高高在上，让学生害怕接近。如果辅导员没有耐心聆听学生的倾诉，随意打断对方的话语，轻易地下结论，使学生紧张、反感，不敢坦诚地表达自己的观点和看法，或与辅导员产生冲突，直接影响了师生的情感交流。对于不同的问题学生应采取

不同的交流方式，找问题学生谈话不可心血来潮、随心所欲，要有所准备，对学生进行具体分析，从学生的年龄、性别、语言、智力因素、非智力因素、学习成绩、人际关系、家庭背景等方面入手，采用合适的谈话方式、谈话口气、体态语言和教育手段。还要把握好交流的时机，与问题学生交流需要捕捉一定的时机：过早，时机不成熟，“话不投机半句多”；过迟，时过境迁，失去了情感交流的最佳交融点。如果能把握好谈话的火候，那么谈话效果将事半功倍。

（六）坚持以生为本的原则，采取宽严适度的管理

坚持以生为本原则，从问题学生当前特点和实际需求出发，接纳和支持问题学生，让学生觉得自己是受尊重的个体，在平时的工作中，坚决杜绝遇事不顺就批评斥责学生的粗暴管理方式。对问题学生要进行张弛有度的管理，既要严格管理，又要注意方法。在与他们交流时，多讲一些他们感兴趣或与他们生活相贴近的事情，引导他们端正学习态度、重视人际交往、提升自身素质、融入班级生活。如可以与他们分享书籍、电影，师生共同阅读、观看，然后在一起谈论，在交流中给予学生人生观、价值观、世界观的引导。

第四节　辅导员与贫困生和谐师生关系的构建

一、高职院校贫困生心理特点

（一）焦虑抑郁

贫困生由于家庭经济困难，上学的学费是一笔巨大的开支，往往为了筹集学费而大费周折，还需要有每月一笔生活费的固定开支，有时生活会面临危机，每花一分钱都要精打细算，不敢轻易与同学聚会、聚餐，每年勉强交上当年学费后，又要为下一年的学费发愁，时常处

于焦虑状态。高职学生招收的数量也在逐年增加，学业、就业的竞争压力越来越大，贫困生难免会因竞争压力产生自我焦虑的心理，面对未来，不知如何定位自己，发展方向不明确，职业目标不清晰，对未来充满焦虑和迷茫。临近毕业，面对严峻的就业形势，因没有良好家庭背景、人际关系和一定的经济基础而倍感焦虑，他们时常处于焦虑抑郁状态。

（二）自卑敏感

一些高职院校的贫困生因自身家庭经济情况不如别人，甚至学习方面也不如别人，所以在学校屡屡受挫，容易对自己各方面评价较低，产生自我否定感，慢慢形成强烈的自卑心理。有的学生出现消极厌世的情绪，整日不思进取，无精打采，破罐破摔；有的胆小怯懦，遇事退让，害怕失败，不善于找出自身的优点、发挥自己的长处，无法正常面对学习和生活，不敢与经济条件好的同学交往，担心别人看不起，有的连集体活动都没信心参加；有些贫困生在个人才艺、人际交往等方面能力相对较差，不敢参与班级、学生会干部竞选，有时参与也容易失利，非常自卑，当同学谈到“贫穷”“没钱”“老土”等字眼时，很容易把自己与之对号入座，怀疑对方在讽刺挖苦自己，较为敏感。

（三）虚荣失衡

与非贫困生相比，一些贫困生的自尊心更为强烈、敏感、脆弱。贫困生的自尊心若得不到正确的引导，容易转化成虚荣心，即“死要面子”。有些贫困生平时省吃俭用，将节省下的钱买名牌服装、手机、化妆品等装饰外表，有些则为了满足虚荣的心理，进行“校园贷”“裸贷”，背上沉重的债务，有的甚至走上了盗窃犯罪的道路。与富裕家庭学生相比，在消费方面自惭形秽，有的贫困生非常羡慕家境富裕同学的优越生活，同时也深感命运的不公、社会的不平等，进而产生失衡的心理，有的还会产生“仇富”心态。

（四）封闭心理

贫困生由于经济压力无力支付与同学一起游玩、聚餐、过生日等活动的费用，只好在各种活动中悄然隐退，羞于与他们交往，面对这些问题，有的学生不是积极调整心态、坦然面对，而是选择脱离集体、远离同学、远离老师，不愿与辅导员老师接近，不愿向辅导员老师敞开心扉，自我封闭。

二、辅导员与贫困生和谐师生关系构建

（一）加强沟通交流，帮助学生树立积极阳光健康心态

辅导员要引导贫困生正确看待自己的贫困，要勇于面对贫困，正视挫折，积极克服生活困难。帮助他们认识到贫困只是暂时的，可以通过努力学习和认真工作来改变的。虽然目前困难，但不代表以后就困难，要有自信，要有信心，虽然经济困难，并不能代表自己就比别人低一等，大家人格上是平等的。在校期间，同学之间不要去比谁富有，应该是比学习、比发展能力、比以后谁有发展后劲，要把现在的贫困压力转化为努力学习、增强能力、锻炼意志品质的动力，以积极的心态看待贫困。辅导员对贫困生的教育帮助工作要充满信心，要有责任感，要用自己的真情去感染、激发贫困生的情感，实现师生之间情感沟通，引导他们以积极的心态与同学交往、参加集体活动，以友善、平和的心态与其他同学友好相处。积极引导贫困生把对贫困的正确认识、参与竞争的决心、对未来生活的信息转化为实际行动，建立良好的人际关系，克服自卑、焦虑抑郁、自我封闭等心理问题，帮助他们学会排解心理困扰、调节情绪的方法，保持积极乐观的心态，以积极阳光的心态赢得他人的尊重与认可。

（二）了解学生，帮助贫困学生解决生活学习过程中的实际问题

辅导员要对每位贫困学生家庭情况进行详细了解，了解其贫困原

因、家庭成员、家庭收入状况、家庭贫困程度等，以便有针对性地进行沟通交流。在他们遇到困难时，及时伸出援助之手，积极帮助他们介绍兼职工作、勤工助学岗位、困难补助，通过辛勤的劳动解决生活困难问题，保护他们的自尊心。帮助困难学生形成正确的自我认知，尽早明确职业目标，提前做好职业发展规划，对他们进行一对一的职业指导，正确面对自己不足，不断完善自我，增强自己专业知识和提高技能水平，努力提升自己职业竞争力。在学生就业时，辅导员要积极引导学生就业，树立正确的择业观，主动帮助他们联系就业单位，积极推荐公司，准备求职材料，分享面试技巧等。

（三）保护好贫困学生的隐私，考虑学生内心的感受

在帮助贫困学生的过程中，辅导员要保护好学生的隐私，避免当着同学的面，或在公众场合讲述贫困学生家庭困难的事情。在申请评定国家助学金时，要避免采用演讲的方式来比谁穷，这很容易伤害他们自尊心。在公示助学金评定名单时，尽量不出现较多的学生信息，注意保护他们的隐私，要考虑学生内心的感受。

（四）关注贫困学生，开展丰富多彩的活动

辅导员要坚持以学生为本的理念，充分利用校园活动载体，积极为贫困学生搭建活动平台，有针对性地开展贫困学生心理健康教育专题讲座和培训，组织以诚信教育和感恩教育为主要内容的团体心理辅导和素质拓展活动，引导贫困学生参加校内外各类志愿服务活动，使贫困学生在活动中锻炼意志，增强人际沟通，培育团队合作能力，让贫困学生在集体中充分感受到团结互助的温暖，建立自尊和对集体的归属感，以更加乐观平和的心态面对学习和生活，做一个自立自强、积极向上的人。

第六章
特定场域中和谐师生关系的构建

职业教育是现代教育体系中的重要组成部分，其在全面培养现代专业技术型人才方面发挥着重要的作用。现代教育体制的深入改革和发展过程中，高职院校要积极采用切实有效、科学合理的方式和手段，强化学生的总体学习效果，培养优秀的高素质人才，优化现代学徒制试点、创新创业活动和校友资源开发等特定场域中和谐师生关系的构建。

第一节　现代学徒制中和谐师生关系的构建

学徒制作为一种职业技术教育形式，其不仅是一种技术传承的方式，也体现了重要的教育性价值。[①]这种教育性价值是以师生关系为基础，良好的师生关系不仅有利于显性的技能的传授，更有利于隐性知识（如对职业的认同）的习得。在不同的历史时期和社会背景下，学徒制有着不同的表现形式，这些不同的形态特征也反映着师生关系的不同。在传统学徒制时期，师生关系一方面表现出了“等级性、契约性、雇佣性”等特征，另一方面也体现出了较强的“亲密性、情感性和道德伦理性”。而在实施现代学徒制过程中，师生关系则不同程度

① 杨小燕．现代学徒制的探索与实践[J]．职教论坛，2012（9）：17-20.

地出现了“利益导向的功利取向师生关系、主体流动性及人文性矛盾下的弱情感关系、界限模糊的权责划分关系”等问题。

一、学徒制发展沿革中师生关系的检视

师生关系从本质上来讲是一种交往行为，因此，交往的方式和特征总是深深地扎根在社会文化的背景脉络中。而从历史发展的视角审视师生关系，不仅有助于完整地认识师生关系，更利于当下的师生关系问题的解决。[①]在不同的学徒制时期，师生关系被赋予了不同的时代印记，呈现出各具差异的历史特征。就学徒制的阶段划分而言，通常可将其分为五个时期：前学徒制时期、手工业行会学徒制时期、国家干预的行会学徒制时期、集体商议的工业学徒制时期以及现代学徒制时期[②]，每个时期的学徒制形态及师生关系性质均有不同的表现。

(一)“以道德伦理为核心”的前学徒制时期

学徒制的发展及其表现形态总是受生产力发展水平的制约，在前学徒制时期，教育方式是以家庭为基本单位的简单的口耳相传为主。进入奴隶制社会以后，以血亲关系为基础的技能传授已经不能满足生产力发展与社会分工的需求，这就需要对原有的技能或生活经验的传递方式进行变革，将传授的对象扩大到家庭以外的其他成员。例如，通过把别人家的孩子作为养子，向他们传授技能，而养子必须终身继承父业。而就师生关系而言，这一时期的师生关系带有浓厚的等级性色彩及道德伦理特征，关系十分稳定和牢固，即使孩子熟练地掌握了某种技能，达到了父亲所具有的水平，这种师生角色关系依旧维持原样。此种师生关系的等级性和伦理性是由作为教师角色的父亲的权威性决定的，父亲在家庭结构中具有绝对的话语权，他可以决定孩子的从业方向，干预孩子的一切事务，甚至把孩子看作是自己生命的延续。而孩子则默认了这种现实和逻辑，继承父业，周期循环。此时，道德

① 李长伟．师生关系的古今之变[J]．教育研究，2012（8）：113-119.
② 关晶．西方学徒制研究[D]．上海：华东师范大学，2010.

伦理是维系“师生关系”的重要力量。

（二）“半道德伦理半契约式”的手工业行会学徒制时期

到了中世纪，出现了大量的以家庭作坊为主要形式的手工业生产方式。同时，城镇化趋势逐渐显现，人们开始涌向城市，从事贸易活动，如产品的交换和买卖。这时行会及其制度建立了，行会的建立是从事商业活动的群体自发的一种行为方式，目的在于保障自身的经济利益。手工业者也建立了相应的行会制度，为了扩大生产，获取更多的报酬，他们开始招收学徒，并为学徒提供指导和培训。随着行会制度的建立，此时的师生关系发生了一定程度的改变，行会对学徒制的方方面面进行了强有力的管理和监督，如教学内容、学徒年限和道德伦理等，其中也包括对师徒关系的商定。行会为师徒之间订立了契约，契约是师徒关系建立的基础。因此，相对于前学徒制时期以血缘或寄养方式为主的非常亲密的师生关系，手工业行会学徒制的师生关系在保存原有特征以外还带有一定的公共性质，一方面，保留相当的家庭色彩，如仍有不少学徒以养子的身份学习技艺；另一方面，由于要受到行会的监督，存在着一定程度的契约关系。而在师生关系的亲密度方面，手工业行会学徒制中的师生关系的亲密程度略有降低，开始出现了一定的雇佣关系的倾向。

（三）“以正式契约为基础”的国家干预的行会学徒制时期

16—18 世纪，资本主义市场逐渐形成，“圈地运动”的出现进一步促使了城镇的快速发展，人们对手工业产品需求大量增加，这直接刺激了市场之间的竞争。加之“圈地运动”使得大量的农民破产，使得社会矛盾逐步加剧，政府不得不采取措施（如颁布法令）来降低市场的混乱。在此背景下，学徒制的管理和监督权逐渐转移到了国家的手中，国家通过立法的形式保障了市场和学徒制的稳定和发展。而在由手工业行会学徒制向国家干预的行会学徒制过渡的时期，师生关系带有非常明显的雇佣关系色彩。原先的学徒制已经沦为师傅们雇佣廉价劳动力的途径，师傅们为了获取更多的利益，打破了行会所订立的契约关系，一方面，开始大量招收学徒，作为廉价劳动力的主要来源；另一方面，私自延长学徒年限或在技艺的传授方面有所保留，而达到垄断技术的目的。在国家对行会学徒制接管和监控之后，师生关系逐渐得到了缓和，师傅正式承担起了教师的角色，在教学内容、教学资格、教学义务等方面都严格的要求，师生之间重新通过正式的书面契约而维持关系，任何一方如有违背国家法律都会受到一定的制裁。因此，可以将此时的师生关系称之为“国家干预下的正式契约关系”。

（四）“散漫自由式”的集体商议的工业学徒制时期

18—19 世纪，工业革命给学徒制带来了致命性的打击，一方面日益扩大的市场需求直接刺激了工业化生产，这使得对工人的技艺要求相对于以往的手工技能大大地降低了。另一方面正规职业教育的兴起，为现代职业技术教育学徒制的建立奠定了技术与方法基础。[①]此时，原有的行会学徒制受到了极大的损害，政府逐渐退出了对学徒制的管理，取而代之的是一种新的组织形式“工会”或称之为“集体商议的工业学徒制”。在集体商议的行会学徒制时期，师生关系呈现一种散漫自由的状态。教师和学生之间不再是国家监督下的行会契约关系，更不具有浓厚的等级观念和家庭色彩，而是一种自由的、甚至是口头式的关系。有研究表明，20 世纪 20 年代中期的英国工程行业中，3/4 的学徒都与师傅达成口头协议或完全没有协议。而师生关系在亲密度方面也与行会时期相去甚远，尽管行会学徒制时期的师生关系亲密程度也不容乐观。师生关系的实质已经基本完全沦为基于利益考量的雇佣关系，甚至理解为师生角色发生的根本性转变，原有的扮演教师角色的具有熟练技能的师傅也成了资本主义市场中的劳工，学徒则成为了技能半熟练和不熟练的劳工。

---

① 石伟平. 比较职业技术教育[M]. 上海：华东师范大学出版社，2001：20.

二、现代学徒制中师生关系的钩沉

现代学徒制是一种新的学徒制形态，它是一种以学工结合为主要内容，以校企合作为主要形式，以技能培养为核心目标的现代职业教育人才培养模式[①]，它的出现使得学徒制重新回到了国家法律层面的管理范畴。就师生关系而言，在现代学徒制的背景脉络下，师生关系具有一定的规范化趋势。然而，任何事物都有两面性，现代学徒制在使得师生关系管理合法化的同时，也致使师生关系出现了一些问题，其主要体现在以下几个方面。[②]

（一）利益导向的功利取向师生关系

职业教育的一个重要价值在于为社会服务，尤其是为经济建设与发展服务，因此，它的一个显著特征在于其实用性。教育成为一种实用职业知识和工作技能传递的过程，无论是职业学校的课程设置，还是企业的实习内容，均以是否有用作为衡量标准，例如是否有利于就业，是否能够带来较大经济价值等。然而，在追求实用性的过程中却走向了极端的实用主义，凡是对我有益的，能够很快带来价值的往往是学习者所热衷和追求的。此外，随着经济快速发展和物质财富的急剧增加，加上多元化文化的冲击，个人利益和个人价值被无限放大，人与人的交往也是为了满足个人利益需求为前提基础。因此，不可避免地导致师生关系也发生了一定的扭曲。对学生而言，教师不再是“传道、授业、解惑”者，而是一种可以随时利用的“工具”，一个能够帮助他们获得证书和文凭的群体,学生和教师之间不需要情感上的交流，只需要能够满足自身需求即可。而对教师而言，经济利益是必须考虑的一个重要因素，很多学生只是其工作中的过客，或是为其打工赚钱服务的雇员或学徒。自然，师生关系成了一种建立在经济利益上的表

① 李梦卿，王若言，罗莉．现代学徒制的中国本土化探索与实践[J]．职教论坛，2015（1）：76-81.

② 张健，于泽元．现代学徒制中师生关系的钩沉与重塑[J]．职教论坛，2018（1）：140-144.

面和谐、追求自我利益最大化的功利主义的价值取向关系。

（二）主体流动性及人文性矛盾下的弱情感关系

在传统学徒制中，师生关系带有鲜明的私人化彩色，师生关系就是建立在以血缘或近亲（养父子）基础上的，道德伦理及血缘关系是维系稳固师生关系的重要保障。而在现代学徒制中，尽管法律、制度保障了师生享有的权利，但是却无助于师生关系的强化。①现代学徒制中师生关系表现出了淡漠的情感性特征。一方面，在传统学徒制当中，学徒和师傅是一对一的关系，一个学徒往往会几年、甚至是几十年地跟随一个师傅，直到可以“立业”为止，这种师生关系也一直延续，因此师生之间具有较为深厚的情感联系。而现代学徒制当中，一个学徒往往没有固定的某一个师傅,学徒和师傅之间是多对多的关系。一个学徒不会长期或者永久性地跟随某个师傅学习，而是根据不同的学习内容，由多个师傅或教师共同进行指导。这种师生关系主体的频繁变动使得师生相互之间难以维持一种稳定牢固的情感联系。另一方面，受评价方式的影响，在现代学徒制的脉络下，职业能力成为职教学校和企业最为关心的部分，这一取向使得在对教师和学生进行评价时，往往集中于职业知识和职业能力的训练效果方面，而人文因素遭到了忽视，其中就包括师生关系的建立与维持，长此以往，师生之间的关系越来越疏远、越来越淡漠。

（三）界限模糊的权责划分关系

相对于现代学徒制而言，传统学徒制中的道德伦理是维系师生关系的主要推动力量，教师和学生之间是一种自发的、自觉的、不受外界束缚的关系形态。而在现代学徒制中，先前的道德理论显然已经弱化甚至是土崩瓦解了。受多元文化的不断冲击与渗透，民主、个性、自由渐趋成为学生之间的一种主流追求，传统儒家的尊师重

---

① 夏英．职业教育师生关系历史演变的社会学分析[J]．中国职业技术教育，2014（20）：58-62.

道之风受到了削弱，教师的道德权威受到了极大的质疑和挑战。然而此时，基于校企合作为基本形式的现代学徒制并没有就师生关系的范围及权责建立明确的规章制度，也并没有探究出一种新的可替代“伦理道德”的师生关系稳定剂。因此，师生关系不可避免地呈现出一种朦胧模糊的状态，教师和学生都无所适从。这样容易导致两种极端的情况发生：一是教师过分地干预学生的自由或是学生过于突出自己的个性，师生关系矛盾一度处于紧张的状态之中；二是师生双方都采用一种互补干预措施，教师只把重心放在了教学工作任务上，而至于其他的则采用一种回避的态度，而学生也只以自我负责、自我管理为主。

三、现代学徒制中和谐师生关系的构建

著名的管理学家、人际关系学说的创始人乔治·埃尔顿·梅奥通过霍桑实验提出了行为科学管理理论，认为影响工人生产效率的最重要因素不是待遇和工作条件，而是工作中的人际关系。师徒间关系的不和谐，会使我们现代学徒制人才培养的最后一环落空，严重影响学徒培养质量，损害学徒切身利益。

（一）调控影响师徒关系的因素

我们在构建现代学徒制中师徒关系时，需要充分考虑专业、师徒数量组合、实习企业规模、实习时间、师徒日均相处时间等几个重要因素。

1. 立足专业特点需要

一般而言，偏理工科的加工制造类、交通运输类、信息技术类等专业性较强的专业，师徒间的交往互动更为亲密；偏文科的文化艺术类、财经商贸类专业，由于师徒间交流频率的有限，师徒间的交往互动帮助有所欠缺。因此，在面对不同专业时，带徒师傅需要酌情考虑师徒关系构建的注意事项。文科类专业的带徒师傅尤其要增加和学徒

的交往频率，通过多和学徒交流互动，建立彼此信任的关系。

2. 合理调控师徒数量组合

研究发现，当一名师傅所带徒弟数量越少，所能提供给学徒的专业学习指导功能和交往互动帮助功能就越多，师徒间就越能构建良好的教育关系、生产中的互动关系与私人交往关系。因此，在师徒结对时，我们不可避免地要考虑师徒数量组合的问题。充分了解每一位师傅的带徒能力，合理限定师徒比例，避免徒弟太多而师傅顾及不到的情况，以及徒弟太少造成师傅资源浪费的情况发生。只有形成合理的师徒数量组合，才会带来最佳的师带徒效果与最和谐的师徒关系。

3. 选择合适的实习企业规模

有研究显示，学徒所在实习企业的规模越小就越有利于师徒间专业学习指导和交往互动帮助两大功能的产生。企业规模越小，师傅的各种繁杂工作任务也就越少，更容易与学徒有较多时间的私人接触，从而形成良好的师徒私人交往关系。但有时企业规模过小，为了营利，学生就会沦为廉价劳动力，不能从师徒关系中获得足够的专业学习指导。在现代学徒制的落实中，学校在与企业合作时，要充分考虑每种企业的特点，充分考虑企业规模所带给师傅与学徒的影响。结合专业需要，选择最适宜的实习企业，从而使师徒间的关系更为和谐，使师徒间的专业学习指导功能和交往互动帮助功都能更有效地落到实处。

4. 限定合理的实习时间

当处于实习初期，学徒从师傅处所获的专业学习指导和交往互动帮助水平很高，师徒间的教育关系和私人交往关系等也比较良好；随着实习时间的延长，新鲜感的流失，倦怠感的产生，师徒关系的亲密程度有所下降；当实习时间进一步延长，甚至接近尾声时，很多学徒都已熟悉所从事的行业，和师傅的关系也日渐稳定，这时师徒关系的亲密度又呈现上升态势。处在不同实习阶段的师傅和徒弟都应对师徒关系的处理拿捏好分寸。尤其应注意处于实习中期时，师徒间如何通过良好教育关系、私人交往关系的构建，产生出最佳的专业学习指导功能和交往互动帮助功能。学徒实习时间过长会产生疲惫，过短会达不到效果，如何选取合适的实习时间，构建并保持最和谐的师徒关系，达到最佳的学习与教授效果，这也需要我们进一步研究探讨。

5. 控制师徒日均相处时间

有研究发现，师徒日均相处时间会对师徒间的教育关系、私人交往关系，以及由此产生的专业学习指导功能和交往互动帮助功能形成显著的倒“V”字形影响。即当一天中，师徒相处时间处于 4 至 8 小时之内，所形成的师徒关系效果最好，当不足 4 小时或是超过 8 小时，师徒关系效果就会有所欠缺。因此，在师徒日常相处中，学校、企业、师傅和学徒等各方，都要科学控制师徒日均相处时间，避免因相处时间过短形成师徒隔阂，或避免因相处时间过长造成双方疲惫感的产生。将相处时间控制在 4 至 8 小时内，构建最佳的师徒教育、互动关系，带来最佳程度的专业学习互动功能和交往互动帮助功能。

（二）构建师徒关系的形成机制

有研究发现企业师傅的选择、学徒的准备、师徒关系的确立与保障等，都是师徒关系形成机制的重要组成部分。各种因素环环相扣，每一环都会影响到现代学徒制中师徒关系的构建。①

1. 加强企业师傅的选择与培训

师傅的选择与培训是师徒关系形成的重要因素。技术过硬、责任心强、善于教导的师傅，正是现代学徒制中师徒关系构建所必不可少的。企业师傅的选拔是构建现代学徒制中和谐师徒关系的第一步。合理的师傅选拔制度会剔除那些不适合带徒弟的师傅，选拔出个性、品质、性格、气质、专业水平与从业资质等都符合带徒标准的优秀师傅。合理的师傅选拔制度也会避免领导直接指定带徒师傅的尴尬，师傅自

① 陈旭. 现代学徒制中师徒关系的现状与问题研究[D]. 上海：华东师范大学，2017.

愿、企业监督，更是有利于师傅选拔的透明化。企业师傅由于长时间从事专业操作与实践，对于带徒过程中的教育教学理论与技巧掌握不足。因此，应在师带徒前对其进行充分的培训，提高师傅的带徒意识、强化师德培养、快速掌握教育教学方法、提升带徒水平、规范带徒行为，使每名师傅都清楚地知道自己的职责定位等，对于良好师徒关系的构建与教授效果的达成，具有重要作用。现代学徒制中的师徒关系既有教育层面的，也有生产互动层面的，但是面对还未从学校里毕业的学生，企业师傅需要做得最多的就是加强对学徒的人文关怀与平等交流。由于涉世未深，很多学徒仍会把师傅当作老师一样尊重、信任。这时，企业师傅也应加强与学徒在生活中的平等交流与对话，在教学过程中的关怀与照顾，从而使师徒关系更具人情味。

2. 重视学徒的培训与准备

师徒关系的构建是一个互动的过程，学徒在其中也发挥着不可替代的重要作用。表现良好的学徒，会减轻师傅的带徒压力，更易与师傅形成和谐的师徒关系。现代学徒制人才培养模式，是我国深化职业教育改革的新举措，也是推进产教融合的有效路径，可以在高素质技术技能型人才培养的改革中，为支撑产业结构转型升级提供重要的人才保障的新型人才培养模式，不同于传统学徒制，更不同于传统职业学校的人才培养方式。然而，对于现代学徒制的培养对象——学徒，真正了解现代学徒制的人却少之又少。因此学校有义务在学校里进行关于现代学徒制的宣传，让学生真正明白“什么是现代学徒制、为什么要进行现代学徒制”，熟悉现代学徒制的人才培养模式。作为学徒，首先要明确自己学徒的身份，明白参与现代学徒制培训的重要意义所在。克服自身由于长期失败经验积累起的习得性无助心理，树立积极正确的思想观念，为后续行动的开展提供源源不竭的精神动力。在面对企业师傅时，要保持真诚、谦虚、勤奋的态度，构建与师傅间的信任关系，从而为师徒关系的建立打下良好基础。在与师傅的关系中，不仅包含同事等正式的人际关系结构，同样也会有基于深厚情感的师徒关系。拿捏好与师傅相处的度，也是提高自身学习成效的关键所在。

3. 明确师徒关系的确立形式与效果保障

一种关系的形成，除去关系双方的主观努力，也离不开外部条件的支持与保障。明晰的师徒关系确立形式和可靠的师徒关系保障措施，都是构建现代学徒制中良好师徒关系不可或缺的一环。参与现代学徒制培训的学生不仅是学校里的学生，更是企业里的学徒，由于身份的多样化，对其管理更需要明确的规章制度来进行规范。以学校为主办方，组织签订师傅、学徒、企业三方协议，明确各方责任与义务，是对学徒的管理，更是对学徒权益的有效保护。对于学徒在企业中的学习表现，学校中的专管教师也可不定期下企业进行调研、走访。定期让学徒上交阶段性学习总结，并要求企业师傅或企业管理人员签字确认，以此监督每位学徒的学习进度。对企业中学习成绩优异的学徒进行激励，这是对优秀学徒学习的肯定，更是对其他学徒的激励与鞭策。对于考核不合格、难以胜任带教职责的师傅，可及时予以撤换；对于考核不达标的学徒，可给予其警告等不同程度的处罚方式，提高其学习意识。在选择带徒师傅时，加强工作年限、技能等级等方面的要求，并打消师傅“教会徒弟，饿死师傅”的顾虑，师傅没有顾虑，自然教徒弟更尽心也更尽力。制定并落实完善的师傅激励与权益保障政策，是维持良好师徒关系的重要保障，也是提高师带徒质量的前提条件。

第二节　创新创业活动中和谐师生关系的构建

在国家大力推进“以创业带动就业”的政策引导下，“大众创业、万众创新”，新一轮创业热潮悄然来到我们身边，将大学生创新创业教育的深入探讨推向了一个新的高度。创新创业课程的开设、创业指导教师队伍的建设、孵化基地的建设、大学生众创空间的筹建等，这些成果都是基于现实需要，也体现出了理论探讨的需要。然而，在师生共创的过程中，如何让“师”与“生”关系更加明了，如何实现权责利的有效分配，如何在企业发展的不同阶段，让师生角色共融共通，最终实现企业利益最大化，实现社会价值的最大化，成为当下迫切探讨的问题。再者，教师在高校学生创业活动中无疑具有重要作用，但对高校学生创业活动中的师生关系这一问题，却是目前大学生创业诸多问题研究中的盲点之一。目前我国高校科技成果转化率还很低，实际上学生创业是实现高校科技成果转化的一条新途径能力培养环节，更不了解创业市场运营的真实状况和境遇。湖南省“十三五”教育科学规划课题就业创业专项课题“高校学生创业活动中的师生关系研究”（编号：XJKT16BJCY22，湖南交通职业技术学院教师王伟主持）研究发现，师生关系角色定位更加清晰，机制更加明确，师生双方资源共享、项目共同创造、利益共同享受、平台共同构建，寻找师生关系协调与发展的方向，将有利于推进创新创业教育的深度发展。①

一、“高校学生创业活动中的师生关系研究”课题研究简介

为了让研究更具有理论推广价值，课题组分别制定了创新创业师生关系问卷：学生卷、教师卷。本次调研分别从教师和学生层面进行调研，其中教师版调研获取问卷反馈样本 709 份，学生版 2574 份，范围主要涉及湖南省内 13 所高校的教师及学生，其中本科院校 5 所，高职院校 8 所。问卷围绕创新创业活动中，教师所承担的作用和角色，创新创业存在的问题与影响因素，创新创业活动中师生关系满意度以及学校从哪些方面推动创新创业活动开展等方面进行调研，主要通过网络问卷与实地调研的方式开展的。下面为教师和学生两个角度调研的情况总结。

（一）教师角度

本次调研的教师身份主要是高校创新创业活动中的管理人员、

① 王伟，吴轩辕．创新创业活动中高校师生的角色与功能构建研究[J]．中国大学生就业，2019（11）：50-54.

“创业基础”课程教学老师、创新创业活动实践指导老师。接受调研的老师普遍认为教师在创新创业活动中所承担的主要作用是创业活动中问题的咨询顾问和知识的传授者，其次是创新创业活动中的参与者和合作者。通过问卷发现，大部分教师认为创新创业活动师生共同参与时，学生有创业激情但缺乏创业实践，创业意识淡薄；教师在活动中参与度不够，缺乏相关鼓励机制。产生这些问题的原因，一方面受国家地方政策、学校支持的影响，但更重要的是受学生创业的意识和动机、教师指导的专业性以及师生双方合作等方面的影响。在创新创业活动中师生关系满意度方面，满意及非常满意为 48.94%，“比较满意”和“不满意”分别为 42.45%，8.60%。满意度主要受学校氛围、教育体制、社会环境以及师生双方合作等方面的影响。92.95%的教师认为教师自身应从创新创业技能实践方面加强，其次从专业理论学习、思想品德修养等方面获得提高。

（二）学生角度

参与本次调研的学生有三分之一来自普通本科院校，三分之二来自高职高专院校。男女学生人数占调查总量的比例分别为 41.84%，58.16%，女生比例略高于男生。通过调研，学生创业的想法，47.51%主要来自课堂上，其次是来自创新创业大赛赛事的参与和对孵化基地的了解，以及对一些创业沙龙和实验室的接触与学习。通过问卷发现，80.92%学生认为师生共同参与创新创业活动时，学生自身有创业激情但缺乏创业实践，创业意识淡薄，部分学生认为教师参与度不够，合作项目中师生产权等机制应明晰。学生认为学校应加强政策与经费的支持，以及加强对老师的专业性培养和师生合作创业的支持等。超过50%的学生认为，教师在学校的创新创业活动中应当是创新创业项目的合作者，其次是活动的参与者。在创新创业活动中师生关系满意度方面，“满意”及“非常满意”为 55.56%，“比较满意”和“不满意”分别为 37.3%，7.15%。满意度主要受学校氛围、教育体制、社会环境以及师生双方的影响。三分之二的学生认为应从创新创业理论与实践，思想品德修养等方面提高自身素质。经过分析得到，受访的教师和学生一致认为，学校应该加强创新创业的师资队伍建设，建立具备实践与理论多重结合的导师队伍，多方面多渠道提高学生创业意识，培养创业能力。

二、高校师生关系在创新创业活动中的角色定位

（一）创新创业活动中教师的角色定位

教师是受社会委托，在教育机构中对学生的身心施加特定影响的专门人员。在现代创业教育体系实施过程中，教师扮演的角色尤其重要，一方面，学校要求教师既要产生创意、发明技术；另一方面，要辅导学生创业，参加各类创新创业大赛，还要担任创业课程的教学工作。教师既要具有创业专业技能与实践能力，又要具备较强的授课能力，这无疑对老师提出了更高的要求。然而，现实情况中，担任创业教育的主角是辅导员、学生干事，及部分跨专业综合发展的教师。他们既缺乏社会实践经验，又缺乏系统的理论功底。在此背景下，教师如何指导大学生创业实践，如何培养广大学生的创新意识，引起广大学者的广泛关注。如果老师的水平造成理论与实践的脱节，也将导致学生对创新创业的理解出现偏差，因此，梳理好教师的角色定位，提高教师的创新创业能力成为重要的问题。教师扮演的角色包括创业活动指导者、创业行为的激发者、创业资源开发的合作者，也可以是创业潜力与素质俱佳的优秀学生的发现者，还可作为大学生创新创业的引导者和组织者，特别优秀的专业教师可以成为与学生共同创业的事业合伙人。

（二）创新创业活动中学生的角色定位

学生是教育过程中接受教育影响的人，处于相对被动的状态。尽管如此，学生在接受教育影响的过程中，具有独特的创造价值和发展的潜在可能，其内在的职业素质与新时代的青年特征带来了更多创新

创造的可能性。在创新创业教育中，“创业基础”理论教学，孵化基地的实践教学，模拟的实践挑战等活动的实施，可以促使学生独特的创造价值和发展潜能被彻底激发出来，这不仅是创新创业教育的过程，也是创新创业教育成果呈现的重要过程。这个过程要求教师不仅要“传道、授业、解惑”，更要做好创新思想的引导与激发工作，保证学生创造价值的充分发挥，促成创新成果的呈现。在此过程中需要师生之间的默契配合，学生在教师的专业知识体系的引导下，大胆创新，不断蜕变，促进新理念、新技术、新工艺、新方法、新成果的形成，使高职院校真正成为孕育新思想、新技术的摇篮。

三、高校师生关系在创新创业活动中的功能构建

（一）教师在师生创新创业类活动中的功能构建

创业是一个项目发现、酝酿和行动，并由此创造出新产品或新服务和实现其潜在价值的过程。教师的创业活动要兼顾学校内部与社会两方面的因素。要有效地推进师生关系的创新创业活动，就需要确定师生在创新创业活动中的功能。以下是教师在创新创业活动中的功能。

1. 整合资源

这些资源包括政府资源、专业教师资源、学校闲置课题资源、企业资源、其他社会资源等，这些资源如果得到有效的结合，将给学生的创业项目发展带来强有力的支持，比如社会各行业的组织资源，当下社会各界人士都十分关心大学生的创业活动，其中，许多社会公益组织需要在各地建立一些分支机构，这也会带来充分创业实践的机会；另外，社会的投资机构也在积极寻找优质的创业项目。在此背景下，高校教师可以引导社会投资机构来充分关注学校优秀的学生项目，帮扶学生项目的发展，指导学生项目不断改进，学生也可以在社会投资机构或天使投资人的路演过程中，增长创业知识，丰富人生阅历，拓宽商业思维意识，培养对市场的感知能力，从而达到训练自身创业能力的目的。

2. 建立平台

教师可以帮助高校学子建立起创业项目交流的平台，其中包括创业项目的索引平台、优质项目投资联盟、大学生创新创业交流沙龙活动等，这都可以充分发挥交流作用、培训作用、服务作用、投资机构需求的对接作用等，而这些平台的建立不仅仅对接的是资源，更是一种交流学习与成长的渠道。只有教师的作用与定位得到明确，教师才能深刻理解他们在创新创业工作体系中的重要作用，才可以切身体会学生在创业成就中的快乐，在帮助广大学子快速成长的同时，让自身的素质与内涵得到提升。

3. 优质合伙人

在现代教学体系中，师生是优质合伙人。而对于师生共创的项目，教师更多是扮演引导者的角色，教师处在“产、学、研”的核心位置。优秀教师在技术与科研领域处于引导的地位，可以帮助学生实现技术突破与成长，也有利于科技成果的转化。科技成果的转化通常来源于创业项目、专利等，种类包括新材料、新产品、新技术、新工艺、新设备等，一般以项目验收或成果鉴定、专利申请作为成果形成的依据；而科研成果转化是指新产品、新技术、新工艺等转化成的产品、样机、技术得到广泛的应用与推广等。从创意到产品，再到市场销售的商品过程中，师生关系更有默契，这一定程度上节约了组建团队的成本，也让沟通更加顺畅。

（二）学生在师生创新创业活动中的功能构建

在现实的教育教学过程中，教师组织与促进学生学习，而学生更多的则是参与学习，这是一种教学相长、学研结合的互助关系。而在创新创业活动中，学生的功能体现在以下几个方面。

1. 优质项目的创造者

教师和学生间的关系是教育教学过程中培养学生创新能力的关键所在。在科技类技术创新中，高校教师在专业核心领域、引导专业技术突破等方面举足轻重，而学生更加年轻，具有更强的创新思维，能协助技术的有效突破，能快速捕捉国内外的科技动向，从而实现更加具有活力的创业活动。国内外相当一部分项目是师生共创的结果。第四届中国大学生“互联网+”创新创业大赛季军项目“邦巍科技——全球高性能结构材料领跑者”就是典型的教师长年研究成果转换的结果，也是师生共创的重要项目之一。

2. 人才资源的支持者

学生一直陪伴着创新创业项目的产生与发展壮大，大大减少了师生之间沟通与项目管理的成本。无论从企业内部组织体系的建设，还是创新创业项目目标战略目标的制定、市场化运营体系的建设，还是岗位标准化与能力素质模型建设及相关的机制的建立，还是技术的持续创新等，学生无疑是师生共创项目最强的人才资源的支持者。在众多的共创合作伙伴中，学生对于创新创业科研项目内在的认知程度是最深的，学生的人才资源也大大减少了创新创业项目在招人、育人、管人、留人的成本。

3. 创业项目的运营者

教师的中心工作是教育科研，要承担一定量的教学工作，教学理论的研究与专业学科建设的探讨也是不可缺少的重要组成部分，有的教师肩负多个科研项目需要推进,还有实验室的重要工作安排需处理，其时间与精力明显不够，这种情况严重制约着科研成果的转化，也成为我国高校科研转化率较低的重要原因之一。对于学生而言，其身份更加灵活，思路也相对宽阔，便于从事产品研发策略及市场的推广、商业项目的运营及管理等工作，既能保证项目的高品质运行，又能保证项目的持续迭代与创新，更加有利于科研成果的转化。

总之，现代创新创业发展的浪潮下，师生共同创业是一种重要现象。这个过程需要师生的良好配合，学生在教师的专业知识的引导下，大胆创新，促进新理念、新技术的形成，使大学真正成为孕育新思想、新技术的摇篮。这既是师生感情的延续，也是双方资源共享、项目共同创造、利益共同享受、平台共同构建的重要方式，教师的主导、技术研发与学生的创新思维、创造潜力完美结合，必将深度推进创新创业教育的发展，对创业孵化基地建设及创业类大赛将产生深远的影响。

第三节 后师生关系中校友工作双赢机制的构建

后师生关系指从学校毕业后的学生（校友）与老师的关系。将师生关系的思考范围扩展到学生毕业之后，关注已经脱离了一定利害关系，在经历时间的洗礼之后，相对成熟的毕业生对师生关系的认知与理解，也具有一定的探索价值。一方面，考虑到这些曾经的学生同时也是未来的家长，借着“毕业后的师生关系理解”可提升其对教育的省思：把教育对自己的影响呈现出来，彰显自己作为受教育主体的存在，理解自己曾经受过的教育，最终有利于促进大众理性看待教育。另一方面，“毕业后的师生关系”的研究也有利于观照正在发生发展的师生关系建设，为教师的专业发展提供一定的参考。

一、后师生关系概说

师生关系不仅是学生在读期间与老师结成的关系，而且也是一种终身的关系，而这种在制度上结束后，学生毕业离校后还能以各种方式延续下来的师生关系，魏柳英用“后师生关系”来进行定义。所谓“后师生关系”是指制度性师生关系结束后，学生和老师之间仍旧保持的无形或有形的关系，它包括学生毕业离开学校后、学生转学或转班离开原来的老师或者一些老师因各种原因发生岗位变动等，师生双方彼此对对方所留有的印象，以及通过见面、通信等方式保有的联系。[①] 本书中“后师生关系”的“后”特指因学生毕业而失去制度支持之后

① 魏柳英.“后师生关系”的教育意蕴：基于19名毕业生同学的访谈研究[D].长春：东北师范大学，2015.

的“后”，具有先前制度性师生关系之延续的意思。在性质属性方面，师生关系具有多重属性，是一个由多层面关系所构成的复杂关系体系，“后师生关系”不具有当下教育教学工作关系，但仍具有社会关系和自然的人际关系，或者说仍旧具有心理关系、个人关系和一定的道德关系。此外，师生关系必然涉及教师与学生的主体问题、教师权威与学生权利的问题，但“后师生关系”，尤其是大学毕业后的师生关系，是两个平等主体、两个成熟的个体之间的有机关联。

（一）“后师生关系”的内容

1. 追忆教师的教育影响

毕业生回忆自己的老师，会发现老师有恩于自己，即教师的教育影响得到了呈现。教师的教育影响，一方面固然与学生对老师的印象程度有关，另一方面也与时间流逝、人世变迁让学生拥有的人生体验有关。一般来说，学生对老师的教育影响感知更明显地体现在学生感激且难忘的老师之中，这些老师或在生活方面是学生的益友良师，或在发展（助益学业成功或思想启迪）方面对学生有深远影响。另外，虽然并不是每个人都有自己感激且难忘的老师，但很多毕业生都有着对教师教育影响之确认。可见，追忆教师的教育影响是“后师生关系”的普遍内容。

2. 具有恰当情理度的交往

魏柳英根据毕业生和教师交往的情状发现，有去探望以及想去探望老师的心理更贴近每个人的心底，这点包含了其在研究过程中发现的“认为对老师没什么深刻印象，和同学一起也没太想去”的情形，而“没太想去”的背后是“去也好”，而且去不去看与感激不感激老师是两码事，见得越多也并不代表越感激。其间的本质，是一种稳固的情理结构在起作用，表现为“老师呢，我们是要去看的（去也好）”，而这种情理结构具有恰当的“度”，学生探望老师的行为是稳固自发、没有额外负担的行为，是一种恰当的交往。探望老师的动机过程是通情达理的过程，结果也是合情合理的、自然顺畅的人情表达，这种师生情谊维系状态体现了真美善一体的人间情谊，增进人的幸福感的同时，不涉及超越彼此角色承担的不必要的责任或义务。

3. 两个成熟平等主体的友谊

在“后师生关系”之中，关系双方是平等的两个成熟主体，能够以有形或无形的方式延续下来的正向关系，实质是友谊的关系。渐臻由师到友的佳境说明过去师生关系维持着平稳而愈发深刻的发展，虽然形式上不一定有朋友之间的打闹嬉戏，但是实质上明显有知心朋友间知根知底、互相着想的真挚情谊，我们甚至可以称这种结交的发展为生命的友人状态。另一方面也可以说，理想师生关系的特质——民主平等在“后师生关系”中或许会得到更好的实现。

（二）“后师生关系”的性质

1. 后知后觉

学生对于感激难忘的老师的确认，一方面是主动认定的情理行为，另一方面也是后知后觉的——需要有机会触发（仔细）回想才能娓娓道来。虽然难忘的老师是在记忆中自然浮现的，但也不是必然会出现，需要教育审美力，也需要机缘。此外，学生对老师的感激在于即使没有成就我，也曾帮助过我。

2. 动态彰显理想价值

学习能力、教育之价值高于应试技能之价值的理论在“后师生关系”中得到了的证实，教师在学生的终身爱好、思想境界、学习能力等方面带来的影响更为毕业生所珍视。统而言之，应试感激型的难忘仍旧是难忘的，只不过是恩情尘封于昨日的难忘，感激之情短期内不会消失。而思想、终身爱好的发展型难忘则是像当下跳动着脉搏般的难忘。不过，就感激而言，其间并没有实质性的差异。概言之，“后师生关系”以极细微变化的动态过程彰显理想价值。

3. 铭记与淡忘同在

“后师生关系”具有“铭记与淡忘同在”的特点。教诲如春风，师恩似海深，桃李满天下，春晖遍四方。在调查研究中，一位毕业生在教师节那天给老师发的信息是：“鲜花感恩雨露，因为雨露滋润它成长；苍鹰感恩蓝天，因为蓝天帮助它飞翔；高山感恩大地，因为大地让它矗立；而我要感恩您，因为是您助我遨游在知识的海洋，飞翔在未来的蓝天上。”与之形成鲜明对比的是，一位同班同学则表示，离学校越远，越在社会深处，对老师的感觉就越淡薄。

（三）“后师生关系”的教育意蕴

1. 追求师生之间匹配的教育

根据魏柳英的研究，毕业生在谈及印象深刻的老师时，出现了不同学生对同一个教师有着不同甚至是相反印象的情况。一个同学所认为的好老师，未必就是所有学生眼中的好老师。可见，即使对某一个体而言是正义的，对他人也可能存在不平等的态度。但这里的不平等指老师对学生的情感和注意的不平等分配，以及老师将有限的发展资源和机会给予了其所偏爱的学生，导致其他学生感到不平等。这一现象显示了群体相处必然会存在的冲突。同一个教师给毕业生留下截然相反的印象的现象，促使我们尝试追求一种师生匹配的教育。

2. 师生关系的关键：一个老师在一群学生之中

当代著名的教育哲学家 R. S. Peters 在其著作《伦理与教育》中，论述教师的重要人际关系——师生关系时，曾指出通常的教育情境是一种团体经验形式，即一个老师在一群学生之中，而非一对一的关系。在教师与班级所有同学的关系中，教师对个别学生的偏爱、教师注意力分配不公、师生不相匹配等问题都与教师的自然人性、学校教育的制度设计相关联。为此，以“一个老师在一群学生之中”为关键的师生关系的考虑，要深入到人性和制度的层面，包括对教师自然人性的尊重以及对制度适应人性的适当改革。

3. 更新教师发展观：毕业生认同

魏柳英的研究结果表明，毕业生对教师的感情具有不同的特征，与教师亲近的师生关系得到了毕业生高度的珍视（即情感感激型），为教师的品格言行所感动（立人启蒙型）等，与教师相处的“安全感”（温情难忘型）都在学生的记忆中留下了深刻印象，成为维持和延续“后师生关系”的重要内容。

魏柳英的《“后师生关系”的教育意蕴》[①]主要是基于学生视角的师生关系研究，总体的研究路径是在学校教育结束之后，以回顾的方法探究学生知觉到的对老师的难忘，及其与之保持的联系和将来联系的倾向。从学校的角度而言，校友资源近年来在高校发展过程中的地位和作用受到越来越多的重视。目前，我国大多数高职院校校友资源开发还处于起步阶段，和发达国家高校比较，在运行机制和管理体制都不够健全，管理系统尚不规范，无法实现校友资源的转化和应用。分析高职院校开发校友资源的现状与不足，探讨高职院校开发校友资源的新路径，对高职院校充分认识校友资源在学校建设与发展中的重要作用，以全新的眼光看待校友工作，充分开发和利用好校友资源，大力推动高职院校的建设与发展具有一定的参考价值。

二、高职院校校友工作的不足

（一）对校友工作的重视和投入力度不足

多数高职院校对校友工作重要性的认识还不到位，工作中的投入还远远不够。有些高职院校校友工作常常处于边缘地位，个别学校还没有开展校友工作。对校友工作重要性的认识不够，主要表现在校领导和教职工都没有意识到校友资源的重要价值，还没有把校友资源管理纳入学校的常规管理项目，没有形成校友工作制度和机制。有些学校认为校友工作投入大、收益低，得不偿失，意义不大。有些高校尽

① 魏柳英.“后师生关系”的教育意蕴：基于19名毕业生同学的访谈研究[D].长春：东北师范大学，2015.

管意识到了校友资源的重要性，但未设置专职校友管理部门和管理人员。据了解，当前多数高职院校尚未设置校友管理部门，未配备专职的校友管理人员或者力量非常有限。对校友工作的重视不够、投入力度不足，导致校友资源开发工作的严重滞后。

（二）在校友资源开发中存在急功近利行为

在校友资源开发中，普遍存在着一个重大误区，就是多数高校多着眼于物质资源的开发，却忽视了育人资源的开发和应用。由于过分重视和片面追求物质资源，造成了校友工作就是发动有权势或有财势校友募集捐赠的误解。这种重视物质捐募、轻视精神资源价值的开发的态度，无疑是对校友资源的歪曲和浪费。另外，一些高校在校友资源开发方面不愿投入，从而造成校友资源管理工作必要运作资金的支持，难以维持校友管理工作日常开支，如筹办校友联谊会、制作校友通讯录、开办校友期刊、维护校友网络都无法开展，这种急功近利行为，阻碍了校友资源的开发。

（三）缺乏对校友毕业后一如既往的关爱和帮助

校友资源作为高校的社会资本，需要不断通过频繁的情感行动或理性的工具行为来维持。校友毕业后仍然需要母校一如既往的情感支持和智力支持，才不至于校友离开校门就如同脱离了母校。高校不仅有责任帮助学生完成在校的学业，可在一定范围内帮助离校后校友的事业，在帮助校友学业和事业发展过程中，也增进了校友与母校的密切联系。这就要求学校树立始终关注校友发展、帮助校友继续成长的理念，建立健全服务校友的工作机制，丰富服务校友的工作项目，不断拓展服务的专业空间和领域。一些高校由于没有与毕业后的校友加强沟通与联系，校友渐渐与母校疏远，宝贵的校友资源被无情浪费。①

---

① 祝薇．高职院校校友资源开发机制探讨[J]．人才资源开发，2017（5）：48-51．

三、充分认识校友资源开发的重要意义[①]

（一）校友是高职院校的社会资本

校友是指曾经在学校学习过的各种层次和各种类别的学生，是推动母校发展不可忽视的一支重要力量。从某种意义上讲，校友具有社会属性，校友资源是高校重要的社会资本。校友对母校具有深厚的情感，这是联结母校和校友的情感纽带，源于校友的学习生涯和切身体验，包含了丰富的师生情、同窗情和母校情。开发校友资源还可在一定程度上满足广大校友的情感渴求。校友与母校之间的交流已经远远超越学缘关系，体现出更多的理性思考和互惠合作。校友资源作为社会资本具有一定的增值属性，表现为校友资本的可再生，可不断丰富高校的公共关系、信息、智力和物质资源，从而成为推动母校可持续发展的重要动力。高职院校校友资源更是开展职业技术教育宝贵的精神资源和社会资本。

（二）校友是校企合作和学生就业的桥梁

校友是母校与社会各行业对接的桥梁，借助校友可吸引校友及其企业开展校企合作，还可组织共同申报科研课题、市场研发、技术培训等，校友都可发挥积极的桥梁作用。在校企合作中，母校可帮助校友企业开展技术革新、人员培训，帮助企业高效获得研成果的转化，有效提升企业经济和社会效益。通过完善科技成果转化的机制和方式，推进校友和母校与社会相关行业的交流和互动，实现企业与学校发展的双赢。在毕业生就业平台搭建方面，校友也为母校的在校学生的实习和就业提供了平台。对于高职院校来说，许多校友是建筑、机械、电子电气行业中技术精英或管理骨干，这些行业中的校友成绩斐然，多身居要职，可为母校提供就业信息，在有些校友的主导下，企业可直接来校面试和签约毕业生，为母校毕业生搭建了很好的就业桥梁。

---

① 祝薇．高职院校校友资源开发机制探讨[J]．人才资源开发，2017（5）：48-51．

（三）校友是推动母校建设和发展的重要力量

校友虽远离母校，却十分关注母校的建设与进步。每遇到母校有校庆、重大学术活动等，校友们就会回母校团聚，向母校捐资、捐教学和科研设备。有的办实业的校友，在事业有成之时，不忘为母校的发展添砖加瓦，他们当中有的捐助母校兴建教学楼、图书馆、体育馆、校友楼。通过设立科研基金、专项助学基金等，资助和鼓励母校学子在学业中取得成就。来自高职院校的校友，多在实业中从事制造、建设等工作，他们依托自己的技术特长及行业优势，不但成为社会建设发展的中流砥柱，也成为母校建设和发展可以依靠的重要力量。

四、构建可持续发展的校友资源双赢机制

（一）以提升公信力推动校友工作的双赢

校友对母校的回馈和贡献，源于对母校的深厚感情和对母校的信任度，这就说明只有不断提升校友工作的公信力，才能有效推动校友工作的双赢。无论是学校领导，还是办公室一般工作人员，在语言和行动中，一定要切实体现公信力，尤其是在校友基金等涉及利益的问题上，要做到公开、公正、公平。学校在制定校友工作制度时，也要体现公信力，以制度促规范，以规范赢信任。在校友工作中，学校还要树立服务、合作与互惠工作理念，建立服务校友的机制与制度，丰富校友服务内容，提升对校友的服务品质。学校更要为校友提供继续教育和创业支撑。只有这样，才能切实提高校友工作的公信力，从而形成校友资源双赢机制，最大限度实现校友资源的开发利用。

（二）以校友带动校企合作及拓宽就业渠道

校友资源是母校产学研合作和服务社会的纽带与桥梁。高职院校的毕业生，拥有较高的技能或技术，走向社会以后，在其行业内多具有一定的技术地位和行业影响力，对母校开展校企合作和拓宽就业渠道非常有帮助。母校依托这些校友资源，不仅可以带动校企合作，提

高教育质量，促进科研成果转化，而且又能提升母校服务经济社会发展的能力。高职院校应根据在校生的就业需求，经常邀请校友结合自己的行业及单位，为在校生开展就业知识辅导，引导他们树立正确就业观，帮助他们了解职业环境、提升职业素养，促使他们科学择业、理性就业。高职院校还可借助校友的行业资源和技术优势，进一步拓展母校毕业生的就业渠道，为社会经济建设提供更多的建设人才。

（三）为校友资源开发提供组织化保障

校友资源的良好开发需要切实的组织保障。学校需要建立系统的管理机构及管理部门，设立专门的校友管理办公室，聘用专职人员对校友资源进行系统管理，还要完善校友资源管理有关制度。各部门间分工务必明确，要充分做到校友工作的“专人、专门、专项”负责。不但可以以地域为区划成立各地校友分会，有效吸纳地方校友，还可以成立相关学科的校友专业委员会，鼓励各行业中校友精英参与学校管理和建设。有关管理部门要借助互联网建立校友会网站，创办校友会期刊，以丰富校友交往形式与内容。只有建立健全校友管理机构和相关制度、机制，才可为校友资源开发提供可靠的组织保障。①

---

① 祝薇．高职院校校友资源开发机制探讨[J]．人才资源开发，2017（5）：48-51．

参考文献

[1] 李拉. 教育社会学视角下的师生关系[J]. 教育导刊，2015（5）：5-9.

[2] 徐吉祥. 浅谈高职实习管理队伍的建设与管理[J]. 清远职业技术学院学报，2014，7（6）：85-86.

[3] 叶心宇. 基于“双导师制”的高职院校实习实训机制探索与构建[J]. 漯河职业技术学院学报，2014，13（4）：6-8.

[4] 孙振东. 浅谈高职院校实习指导教师素质能力的培养[J]. 辽宁高职学报，2011，13（12）：93-95.

[5] 侯莹. 对高职院校实习学生教育管理的分析思考[J]. 吉林广播电视大学学报，2009（6）：91-92.

[6] 徐礼丰. 校外实习质量问题及其对策研究[D]. 上海：华东师范大学，2008.

[7] 贡勋，张忠华. 从“支配——从属”到“和谐——共生”：师生关系发展的社会学审视[J]. 教育评论，2016（4）：30-33.

[8] 张健，于泽元. 现代学徒制中师生关系的钩沉与重塑[J]. 职教论坛，2018（1）：140-144.

[9] 陈旭. 现代学徒制中师徒关系的现状与问题研究[D]. 上海：华东师范大学，2017.

[10] 魏柳英. “后师生关系”的教育意蕴：基于19名毕业生同学的访

谈研究[D]. 长春：东北师范大学，2015.
[11] 祝薇. 高职院校校友资源开发机制探讨[J]. 人才资源开发，2017（5）：48-51.
[12] 刘建华. 师生交往论：交往视野中的现代师生关系研究[M]. 北京：北京师范大学出版社，2011.
[13] 李兰巧. 教与学的和谐：高职院校师生关系构建艺术[M]. 北京：北京大学出版社，2013.
[14] 李娜. 构建“微交往”下高校和谐师生关系的意义和途径[J]. 思想理论教育导刊，2016（6）：150-152.
[15] 张铭芳，周先进. 再探师生关系：云课堂教学的启示[J]. 教育导刊，2018（1）：63-68.
[16] 陈沛. 高职院校和谐师生关系建立研究[D]. 杨凌：西北农林科技大学，2016.
[17] 任铁争. 高职院校和谐师生关系的目标构建与实现途径创新研究[D]. 石家庄：河北师范大学，2008.
[18] 刘艳艳. 高职院校校园文化建设研究[D]. 杨凌：西北农林科技大学，2008.
[19] 朱毓高. 高职院校课堂环境管理研究[D]. 重庆：西南大学，2016.
[20] 靳彤. 教育生态学视野下高职院校师生关系研究[D]. 天津：天津职业技术师范大学，2015.
[21] 张滨. 高职院校和谐师生关系的构建策略研究[D]. 石家庄：河北师范大学，2013.
[22] 王海燕. 高职院校和谐师生关系建设研究[D]. 济南：山东师范大学，2012.
[23] 李敏. 学生视角下的高职院校师生关系研究[D]. 南京：南京师范大学，2012.
[24] 范美英. 授课视角下谈和谐高职师生关系的构建[J]. 老字号品牌营销，2020（8）：85-86.
[25] 孟亚娟. “互联网+”时代高职院校师生关系现状调查与分析[J].

浙江交通职业技术学院学报，2019，20（4）：86-89+94.
[26] 刘素芹，蔡红. 高职院校工作室教学模式中的师生关系：多重隐喻分析[J]. 中国职业技术教育，2020（20）：81-86.
[27] 王伟，吴轩辕. 创新创业活动中高校师生的角色与功能构建研究[J]. 中国大学生就业，2019（11）：50-54.
[28] 王国金. 试论法律意义上的新型师生关系[J]. 黑龙江高教研究，2005（8）：71-73.
[29] 宋兵波. 简论教师主体[J]. 河北师范大学学报（教育科学版），2001（1）：17-22.
[30] 何楠."依法治校"下高职院校法治制度建设[J]. 商情，2016（28）：219.
[31] 纪晓蓉. 如何有效构建高职院校和谐师生关系[J]. 才智，2015（11）：177.

后记

师生关系是高校教育教学工作中最基本的人际关系之一。高职教育过程中的理论知识传递、道德情感陶冶、实践能力锻炼、人格素质培养等教育活动和教育目的都以师生关系为基础而实现，和谐的师生关系是影响高职院校教育教学效果和人才培养质量的重要因素。但是，由于大学扩招以及单招形式的推广，高职院校学生的综合素质相对下降，导致高职院校中师生冲突增多，师生关系不同程度地出现冷漠化、对立化和功利化倾向，优化高校师生关系已成为高校管理者关注的重要课题。创设良好的高职校园文化，加强师生沟通，满足学生的内心需要，提升教师的职业素养，建立平等和谐的师生关系，可以使在校学生具有幸福感、满足感、愉悦感与成就感，激发学生积极向上的动力。构建高职院校和谐师生关系，通过途径的创新应对高职院校师生关系的发展变化，是本书写作目的所在。

和谐作为一种思想，是中华民族传统文化的精髓。和谐的师生关系既是高职院校改革与建设的基本出发点，也是高职院校成功进行改革与建设的基本保障。在构建和谐师生关系的过程中，高职院校应树立以人为本的理念，将和谐师生的观念落实到教育、教学、管理、就业等各个方面，促进学生的全面发展，培养高素质的技术技能人才。

本书由四川职业技术学院长期从事教育教学和学生管理工作的教师编著，全书由伍治平审改、定稿，张明远和陈治芳参与编著。具体分工为：伍治平负责编写绪论和第一、二、三、六章，张明远负责编写第五章，陈治芳负责编写第四章。虽然编写团队长期处在教学管理工作第一线，但本书在理论方面谈得多，在实践方面，特别是具体操作上谈得较少。但有一点，就是希望通过本书的理论倡导，推动教师转变理念，用理念指导行动，为我们高职院校的教育教学管理工作带来新的气息。在写作过程中，我们参阅、引用了有关专家学者的专著、教材和论文的一些观点和材料，在此谨向这些文献资料的作者表示衷心的感谢。四川职业技术学院党委张大凯书记、西南交通大学出版社郭发仔老师和“高职院校和谐师生关系研究”课题组成员龚光军、徐善玉等老师为本书提出了很好的意见和建议，在此一并表示感谢！

由于水平有限、时间仓促，书中难免有一些不足之处，敬请各位专家和读者批评指正，以期再做修订。

伍治平

2020 年 12 月于四川遂宁